Eu acredito em milagres

A história de Mons. Jonas Abib

Eu acredito em milagres

A história de Mons. Jonas Abib

Gabriel Chalita

8ª edição

Editora Canção Nova

Coordenação editorial: Iara Rosa da Silva
Editora: Cristiana Negrão
Capa e projeto gráfico: Douglas Lucas
Diagramação: Claudio Tito Braghini Junior
Foto de capa: Fábio Capretz
Preparação e revisão: Rita de Cássia da Cruz Silva
Simone Zaccarias

Dados Internacionais de Catalogação na Publicação (CIP)
(Câmara Brasileira do Livro, SP, Brasil)

Chalita, Gabriel
Eu acredito em milagres! : a história de Mons. Jonas Abib --8. ed. -- Gabriel Chalita. -- São Paulo : Editora Canção Nova, 2012.

ISBN 978-85-99903-15-5

1. Abib, Jonas, Padre 2. Sacerdotes - Brasil - Biografia I. Título. II. Título: A história de Mons. Jonas Abib.

06-8189 CDD-922.2

Índices para catálogo sistemático:

1. Padres católicos : Biografia e obra 922.2

EDITORA CANÇÃO NOVA
Rua São Bento, 43 - Centro
01011-000 São Paulo SP
Telefax [55] (11) 3106-9080
e-mail: editora@cancaonova.com
vendas@cancaonova.com
Home page: http://editora.cancaonova.com

ISBN: 978-85-99903-15-5

Apresentação

Era ainda criança quando conheci padre Jonas. Desde aquela época eu tinha um imenso respeito por ele. Achava que havia alguma coisa diferente no seu jeito de ser. Seus olhos tinham luz. Suas músicas eram tocantes e sei até hoje de cor suas primeiras canções. Ele cumprimentava as pessoas de forma toda especial. Um sacerdote carinhoso.

Meu pai me dizia sempre, com firme convicção, que padre Jonas era um profeta. Em sua simplicidade, sabia que aquele sacerdote tinha uma missão muito grande e que haveria de vencer todas as dificuldades que surgissem em seu caminho. Fui crescendo e continuei convivendo com ele. Na ocasião em que eu havia decidido ser padre, fui visitá-lo muitas vezes, e ele, gentilmente, ouvia os meus sonhos adolescentes. Nos dissabores e desalentos motivados pelas decepções da vida, eu também não titubeava em revelar-lhe os meus segredos. Gostava da forma como ele aconselhava, sem pressa, atencioso. As confissões eram momentos plenos, não porque eu fosse alguém especial. Ele fazia isso com todas as pessoas. Porque o verdadeiro sacerdote sabe que todas as pessoas são especiais. Seu jeito carinhoso e dedicado deixa marcas profundas em quem tem o privilégio de cruzar seu caminho.

Minha vida foi tomando outras direções. Resolvi sair do seminário. Quis estudar outras coisas. Queria muito me aprofundar nas verdades em que eu já acreditava com os olhos da fé. E como eu me sentia valorizado quando ele ouvia com atenção as descobertas que descortinava em meus estudos! Era a ternura de pai, de amigo cúmplice, de orientador espiritual. Depois que perdi meu pai, meu amado pai José, quantas vezes o ouvi dizer que eu poderia contar ainda mais com ele.

Com ele desnudei-me muitas vezes. Dúvidas quanto à atividade pública, incertezas nos caminhos que deveria trilhar. E sua voz era de profunda mansidão e sabedoria. Muito dele reside em mim, e por isso foi um privilégio poder escrever sua história.

Eu conhecia algumas passagens, intuía outras, e outras ainda foram-me reveladas nos momentos em que estivemos juntos. Escrever sua história foi uma escolha nossa, dele e minha. Timidamente disse a Glaucya Tavares, querida amiga, que gostaria muito de escrever a vida do Padre Jonas. E ela logo me sugeriu que falasse com ele, que isso, com certeza, o deixaria muito honrado. Insisti que fosse ela que lhe levasse a proposta, até para que ele ficasse mais à vontade para recusar. Quantos escritores não gostariam dessa sublime tarefa? E, para minha surpresa, ele disse a Glaucya que naquela mesma semana havia conversado com uma sua irmã e dito que, se alguém deveria escrever sua biografia, a pessoa indicada seria eu. Nós nos escolhemos. Mutuamente. Uma escolha na vida espiritual, no respeito mútuo, no amor filial e, agora, na oportunidade de levar aos leitores uma história extraordinária.

Durante alguns dias, em minha casa, ouvi Padre Jonas contar toda a sua história. Foram horas e horas de fitas gravadas, de textos escritos intervalados por alguns momentos de oração, de convívio, e por uma linda celebração eucarística. Foram momentos de muita emoção. Vi seus olhos marejarem, lágrimas teimarem em cair, lembranças de momentos dolorosos, momentos amorosos. E a narrativa era límpida. Padre Jonas é um contador de histórias. Guarda na memória momentos, pessoas e desfechos. Tudo repleto de poesia e, mais do que isso, da convicção de alguém que acreditou e acredita na própria missão.

Sua história é emocionante. Nasceu de um milagre, quase ficou cego aos dois anos de idade, enfrentou as dificuldades da pobreza e, por causa de um mal entendido a respeito de dois sacos de roupa usada, quase não foi para o seminário. Esteve doente muitas vezes, viveu alguns meses num sanatório em Campos do Jordão e, mesmo lá, foi um revolucionário do amor. Sua missão foi ganhando força e os milagres foram acontecendo em sua vida. A cada novo milagre ele sentia ainda mais a presença de Deus.

Uma marca de sua trajetória é a generosidade. Queria que outros jovens tivessem a oportunidade de vivenciar toda a sua experiência de fé. Tudo que vivia era para ser compartilhado. Não havia apego a nada, somente à sua santidade, ao seu jeito novo de ser sacerdote.

Ao ouvir seu depoimento, achei que deveria dividir a narrativa de sua vida em duas partes. A primeira contaria a trajetória pessoal do padre Jonas até o início da Comunidade Canção Nova. A segunda deveria se ocupar de toda a sua história como fundador dessa Comunidade que não pára de crescer e que continua fiel ao propósito inicial de formar mulheres e homens novos para um mundo novo.

A primeira parte, que agora você poderá ler, foi elaborada seguindo com fidelidade seu depoimento pessoal, mesclado por lembranças e olhares de amigos seus. Escrevi o livro em primeira pessoa, exatamente para que você ouça dele, Padre Jonas, essa linda história, como se ele mesmo a estivesse contando.

Neste dezembro, ele completa setenta anos. Vida vivida com tamanha doçura e dignidade. Setenta anos de emoção. Trata-se de um menino. Sobram-lhe energia, entusiasmo. Os desafios continuam e continuarão. Seu sacerdócio é modelo para tantos que viram e vêem nele a história de alguém que soube conviver com a dor e ser amor. Ele é amor. É amor como profeta do Senhor. É amor como quem prega o maior de todos os mandamentos. É amor quando sua voz chega às pessoas pelas ondas do rádio, da tevê, da internet, quando seus ensinamentos nos invadem por suas pregações, seus livros. É amor quando, no dia-a-dia, entra em contato com pessoas que, é bem provável, nunca mais o encontrarão. Nem por isso ele deixa de ser inteiro, cumprindo o mandamento do Senhor com leveza e suavidade, com determinação e coragem.

Eis a história de um homem que acredita em milagres. Se assim não fosse, teria desistido na primeira tempestade. Não fez isso. Enfrentou. Enfrenta o que for preciso. Sua sabedoria mistura-se à sua simplicidade. A simplicidade com que chora ao se lembrar do pai, pedreiro simples que economizava o dinheiro recebido em horas extras, guardado no fundo do armário, misturado com pó de cimento, de cal, para lhe comprar um cálice no dia da ordenação. A simplicidade de seu pai e o amor de sua mãe talharam-no e fizeram dele uma fortaleza. Eis um homem de fé. Tem defeitos. É humano. Mas oferece exemplos de sobra, para serem seguidos.

Padre Jonas Abib, um referencial! Num momento em que a humanidade carece de referenciais, em que os valores se perdem, em que o esvaziamento do ser humano provoca uma crise de identidade, em que a felicidade parece morar em outro local, este livro pode ser uma grande ajuda. É num momento como este que esta história se torna ainda mais essencial. Há aqui a demonstração de que é possível trilhar as sendas da vida com a leveza de quem acredita em milagres e se deixa conduzir pelos caminhos do Senhor.

Parabéns pelos seus setenta anos de história! Parabéns aos seus amigos, àqueles que por seu intermédio começaram, também, a acreditar em milagres.

A você, leitor, boa viagem. Que a emoção lhe faça companhia.

Gabriel Chalita,

o amigo autor.

Dezembro de 2006

Sumário

Introdução

"No princípio, Deus criou os céus e a terra. A terra estava informe e vazia; as trevas cobriam o abismo e o Espírito de Deus pairava sobre as águas. Deus disse: 'Faça-se a luz!' E a luz foi feita."
(Gênesis 1, 1-3)

Tem gente que duvida. Tem gente que passa toda a vida tentando desmerecer os milagres. É como se tudo fosse apenas um acaso dentro de um acaso. Um universo que surgiu sem motivos, gente que vive sem motivos e depois acaba, acaba para sempre. E essa angústia se amplia quando o fim se aproxima. Vez ou outra uma recaída, uma tentativa de se apegar a alguma coisa por mais superficial ou frívola que possa parecer. Multiplicam-se as seitas e crenças fanáticas, cultos que chegaram ontem já ousam explicar e ampliar o universo. E caem nessas armadilhas aqueles mesmos que juravam não existir nada além daquilo que os sentidos podem reter. E a infelicidade teima em lhes fazer companhia. Não há outra forma. Falta o essencial. Falta o Motivo Primeiro da existência humana. A obra não se sustenta se não há criador. O que dá valor a uma obra de arte é a assinatura do artista. Sem a assinatura, é apenas a reprodução de alguma outra coisa que não se sabe de onde veio.

O mundo sem Criador é assim. Pessoas que reproduzem pessoas. Caminhantes que vão e que vêm, sem nada entender do caminho. E correm como cavalinhos de pau, sem ter nunca a possibilidade de chegar a qualquer outro lugar. Vidas perdidas. Desperdício. Sem a assinatura, os bilhões de seres humanos estão aí por estar. Nada valem. Com a assinatura, a arte se torna genuína. Pode até haver réplica. Não tem o mesmo valor.

Pela minha experiência, não há réplicas. O ser humano é único. E o Criador, pleno de luz, de poder e de amor, transbordou e transborda, criando e recriando a humanidade. Os milagres estão por aí. Muito mais perto do que se possa imaginar. Há amanheceres, entardeceres. Há pássaros cantadores. Borboletas mimosas. Grandes mamíferos. Há serras que desafiam nossos olhares. Horizonte. E chuva. E gente nascendo de milagre. Milagre é a vida. Milagre é cada história humana. Não há réplica. Cada obra de arte tem história porque foi feita exclusivamente pelo Artista.

Eis um pouco da minha história, eis os milagres que aconteceram em minha vida.

CAPÍTULO UM

Criança, entendo a missão

"Trouxeram-lhe também criançinhas, para que ele as tocasse. Vendo isso, os discípulos as repreendiam. Jesus, porém, chamou-as e disse: 'Deixai vir a mim as criançinhas e não as impeçais, porque o Reino de Deus é daqueles que se parecem com elas. Em verdade vos declaro: quem não receber o Reino de Deus como uma criançinha, nele não entrará.' "

(Lucas 18, 15-17)

O dia estava cinzento. Eu olhava desfilar, pela janela do trem, uma paisagem que me era desconhecida. O dia cinzento era um sábado, três de setembro. Começamos a jornada antes do amanhecer, com a expectativa de chegar ao destino por volta das duas da tarde.

Minha mente viajava em muitos vagões diferentes daquele em que eu estava, no *Expressinho* da ferrovia então chamada Estrada de Ferro Central do Brasil. Pensava nos outros passageiros que também viajavam naquele trem. Observava discretamente expressões de todos os tipos. Pessoas que pareciam tristes; outras, felizes. Mulheres que olhavam para lugar nenhum, homens que dormiam, e até algumas crianças que pareciam trazer com elas o brilho de um leve encantamento. O encantamento de olhar pela janela do trem e se impressionar com coisas simples, que aparecem a toda hora, mas que carregam sempre um sabor de novidade para os que têm olhos de ver. Eram, naturalmente, crianças da capital, não estavam acostumadas com a paisagem do interior. E, desprovidas de preconceitos, não tinham por que fingir apatia.

Eu cochilava um pouco e tornava a despertar, sempre curioso de saber como seriam as histórias dessas outras pessoas, para onde iam, que problemas carregavam, como eram suas famílias, o que acontecia durante seus almoços e jantares, que sofrimentos teriam.

Não sofria tanto naquele momento, mas sabia que, para mim, uma vida nova estava para começar. Muito sério, ao meu lado, meu pai cumpria seu papel de acompanhar o filho pequeno. Seu pensamento parecia distante. Viajava, com certeza como eu, pelo território das recordações e pela área das conjecturas em relação ao futuro. Não me lembro de que ele tivesse feito muitas recomendações naquela viagem. Nem precisava. Eu já sabia que era amado. Como já sabia que sentiria saudades.

A viagem prosseguia, com o balançar do trem, o barulho ininterrupto, a paisagem e as lembranças se desdobrando.

Em meio a um denso arvoredo, quase um bosque, quase um parque, estava o seminário salesiano. Meu Deus, quanta expectativa, quanta vontade de seguir aquela vocação! Não me lembro de momento algum da minha vida em que não quisesse ser padre. E, depois de abandonar a segurança da costa, lá seguia eu, para o alto-mar do meu aprendizado.

Os salesianos me receberam com um acolhimento digno de uma casa de Dom Bosco. Dom Bosco! Minha mãe me consagrara a ele quase sem saber quem ele havia sido. Minha mãe, minha amada mãe, me contou com muito carinho a história do meu nascimento. Melhor dizendo: dos milagres que marcaram meu nascimento.

Minha história começa na pequena cidade de Elias Fausto, no interior de São Paulo. A casa ainda existe, deu-me notícias disso gente que há pouco esteve por lá. Quando minha mãe entrou em trabalho de parto, aconteceu que eu coroei e não nascia. Todos os médicos, para quem contei o caso, disseram:

— Mas então ocorreu um milagre no seu nascimento?

Não sei responder. O fato foi que coroei e não nascia. O parto, que era para acontecer em casa, estava sendo acompanhado por uma parteira. Como houve essa complicação e não havia médico na cidade, foi preciso ir atrás de um na cidade vizinha, coisa demorada. Era 1936. O médico veio, tentou de tudo, usou fórceps. Outros médicos, depois, me disseram:

— Fórceps é uma faca de dois gumes: se não retira a criança, aperta a cabeça.

Isso aumentava, naquele tempo, o risco de o bebê ficar com seqüelas. O doutor chegou a desistir, mandou que minha mãe relaxasse. Seu objetivo era salvar a mãe, pois ele acreditava que o menino já não tinha salvação. O médico saiu do quarto e deixou minha mãe sozinha, ouvindo as conversas que aconteciam na sala ao lado. Estávamos na casa de meu avô materno. Vovô era um líder local, morava em frente da estação ferroviária, o centro da cidade naquele tempo. Tudo acontecia ali, onde passava o trem.

Havia, entre as pessoas que conversavam na sala da casa, um rapaz de sobrenome Bosco. Falava num santo com o nome dele. Os outros zombavam:

— Onde se viu, não existe nenhum santo chamado assim...

Então ele começou a falar sobre Dom Bosco, sobre o trabalho de Dom Bosco com os jovens. Minha mãe, lá no quarto, escutava tudo. E ela tomou uma decisão: consagrar-me a Dom Bosco. Depois, ao me contar tudo isso, disse que usou estas palavras:

— Não conheço o senhor, mas, por aquilo que estou ouvindo, cuide deste menino pra mim...

O curioso é que mamãe contava que falou: "cuide deste *menino* para mim..." Até perguntei: — Mas por que *menino*, mãe?

Naturalmente, naquela época, ainda não tínhamos a ultra-sonografia, para mostrar antes do parto o sexo da criança. Era uma surpresa. E ela, sem titubear, mulher de muita fé:

— Ah, tinha certeza de que era menino. Você não tinha outro nome, ia se chamar Jonas, era o único nome escolhido...

Imagino a solidão da minha mãe naquela passagem. Havia movimento, pessoas tentavam fazer o melhor, mas as falas de uns e outros só indicavam a dificuldade do meu nascimento. O momento das contrações, da dor do parto era ainda mais pesado. Mas ela manteve-se firme, sustentada na esperança de que tudo correria bem.

Minutos depois, eu já estava nascendo. Não nasci com parteira, não nasci com médico, estava praticamente nascendo sozinho. Foi um corre-corre. A parteira veio, me recolheu. Depois que o médico viu, ficou admirado: apesar de todas as condições adversas do parto, eu não tinha qualquer defeito... E o interessante é que minha mãe apenas ouviu falar outra vez em Dom Bosco muito tempo depois.

E eu estava então numa casa de Dom Bosco. E mais: seria um sacerdote com o carisma de Dom Bosco. Não pode ter sido apenas um acaso: havia ali o dedo da Providência.

Eu estava radiante. Queria muito ficar. O lugar era agradável, belo na sua austeridade. Assim que cheguei, fui conhecer o dormitório. Tudo parecia encantado. Para chegar até ali, quanto sacrifício! E era apenas o começo. Voltei à portaria, para ficar com meu pai. Vi, em seus olhos, o alegre consentimento para que eu vivesse minha vocação e, ao mesmo tempo, a sombra triste e saudosa da despedida que se aproximava.

Fui para meu primeiro jantar no seminário. À mesa, encontrei o Guedes. Tínhamos uma história comum, que vim a saber depois. O Guedes estava quatro anos à minha frente no seminário. Era o chefe de mesa, e eu, por ser o mais novo, fiquei ao lado dele. Éramos oito, talvez dez. E seríamos sempre os mesmos, dali em diante. O chefe cuidava da mesa inteira.

Depois, fui dormir. Era minha primeira noite no seminário. Os meninos pareciam felizes. Já havia um clima diferente no ar. Eram sementes. Tantas sementes que buscavam, naquele espaço, água limpa e sol para que florescessem. Eram vocações. Vocações que haveriam de levar adiante a mensagem do amor. E a messe, como de costume, era farta e sempre carente de novos pregadores. Havia ali potência, possibilidade. O tempo haveria de cumprir o seu papel.

Pensamentos vagavam pela minha cabeça. Pensava no meu quarto em São Paulo, lembrava-me do beijo de minha mãe, de suas lágrimas no momento da despedida.

Minha mãe! Nossa convivência havia sido sempre tão intensa, agora passaria a ser esparsa. Com certeza demoraria a reencontrá-la. A saudade ia aumentando. As cenas passavam pela minha mente como numa tela de cinema. Momentos de sofrimento. Momentos de ternura. Tudo isso fazia parte de mim, estava inexoravelmente dentro de mim. Chorei de saudade. Abracei a mim mesmo e à minha carência juvenil. Pensei no sonho. Ser padre para servir a Deus, para ser bom, para cuidar dos homens. Sorri. Dormi.

No dia seguinte, domingo, como de costume, havia duas missas, às sete e às nove. Desci, junto com os alunos, para a primeira missa. Depois do café, fui ter com meu pai. Às nove, fomos para outra missa. Naquele horário, era sempre missa solene, cantada; havia poucas comunhões, só das pessoas do povo. Os meninos já tinham comungado de manhã. Naquele tempo só se comungava uma vez, o jejum era mais rigoroso.

Fiquei admirado ao ver meu pai ir comungar. Meu pai era pessoa muito boa, mas não tinha prática religiosa. Tanto é assim que, quando fiz a primeira comunhão, meu pai não foi, e eu não estranhei. Meu pai não ia à igreja, só minha mãe, por que acharia estranho? Então, vi meu pai ir comungar. Eram poucas pessoas naquela Igreja, e fiquei atento para sua expressão de fé, naquela fila da eucaristia. Senti uma imensa felicidade. Parecia ser um gesto de assentimento à minha vocação sacerdotal. Meu pai, homem simples e profundamente trabalhador, homem digno, um exemplo de luta, de dedicação, estava ali, aprovando mais uma vez minha decisão de entregar a vida a essa linda causa de ser sacerdote do Senhor.

Depois da missa, eu estava curioso para saber o que o tinha levado à mesa da comunhão naquela manhã de domingo. Nem precisei perguntar, ele foi logo dizendo:

— Meu filho, entre uma missa e outra, fui à igreja e vi que tinha padre lá, para confessar, e me confessei... Fiz uma boa confissão e já comunguei nesta missa...

Eu tinha visto. E foi lindo. Porque, daquele dia em diante, papai nunca mais perdeu missa, nunca mais. Pelo contrário, quem movia a família toda em casa era ele. Por isso a igreja da Vila Nova Cachoeirinha, cuja padroeira é Nossa Senhora das Graças, foi ele quem construiu.

A família do meu pai era libanesa. Meu avô, Jorge, em verdade não se chamava assim. Havia feito seminário no Líbano, até aquela fase, um ano antes da ordenação, quando os internos deixam o seminário para decidir entre casar ou seguir o celibato. A essa altura, o pai dele o mandou para o Brasil. E ele obedeceu ao pai. É interessante esse contraste: entre nós, na nossa cultura libanesa, a obediência ao pai é natural. Não se discute muito.

Pois meu avô obedeceu e veio para o Brasil. Depois da chegada é que o pai dele revelou a razão da viagem. Escreveu dizendo querer que ele mandasse ouro e pedras preciosas para o Líbano. E ele respondeu: *Mas como é que eu vou fazer isso?* Meu bisavô, então, indicou alguém que ia contrabandear essas riquezas. E meu avô: *Não, isso não faço.* Tudo por carta, carta que vai, carta que vem, de navio. *Isso não vou fazer, pai*, ele escreveu. E o pai, na resposta: *Mandei você para isso. Como é que não vai fazer?* Até que, por fim, meu bisavô ameaçou: *Se você não fizer, vai ser deserdado.* E a resposta foi simplesmente esta: *Sendo assim, estou deserdado.*

Depois dessa troca de correspondência, meu avô perdeu todo o contato com o pai dele. Foi por isso, também, que mudou o nome. Ele se chamava Atala Merege. Quando se registrou brasileiro, fez questão de romper toda a ligação com seus ancestrais. Por isso mudou o nome. Tinha certeza de que a retidão era o melhor caminho a ser seguido.

O homem do cartório havia dito:

— Olhe, Jorge é um nome que combina bem, lembra São Jorge. E Abib é um nome muito comum.

Assim, nós todos acabamos nos chamando Abib. O registro de casamento dele é muito estranho. Ele declarou ser turco, para cortar toda ligação com suas raízes. Fez essa escolha em nome da honestidade. Não deixa de ser paradoxal imaginar que ele aprendeu a honestidade e tudo mais com a família, e o próprio pai queria dele algo que contrariava esses mesmos princípios.

Acredito que a minha ascendência espiritual venha dele. Meu avô era um homem de espírito elevado, ficava debaixo da árvore, no quintal, com os livros, orando, cantando, especialmente na Semana Santa, e de modo ainda mais especial no Sábado de Aleluia.

Morava na região de Piracicaba e era diácono na Igreja Maronita. Tornou-se uma espécie de patriarca daquele povo. Sabia acolher os rapazes vindos do Líbano, que vivia em guerra, para trabalhar no Brasil. Eles, ou já tinham namoradas e noivas, ou trocavam cartas com alguma correspondente. A uma dada altura, diziam estar prontos para casar. Mas como é que os pais das moças saberiam se era verdade? Isso deixava os rapazes, aqui, desesperados. Quem fazia contato com os pais, no Líbano, era meu avô. Escrevia testemunhando a respeito do rapaz.

Depois disso, o pai da moça, em confiança ao meu avô, mandava a filha para cá. Muitos faziam casamento por procuração, e as moças já vinham casadas. Outras vinham para casar aqui. Portanto meu avô era uma espécie de pai espiritual desses jovens, já que muitos casaram por sua intervenção.

Meu avô era muito trabalhador. Fazia um jogo arriscadíssimo, mas naquela época permitido: arrendava um pedaço de mata, retirava toda a madeira de lei, de corte, depois vendia. Com o dinheiro apurado, pagava o arrendamento, os empregados, e tirava a parte dele. Era arriscado, mas, ao mesmo tempo, muito lucrativo.

Vovô teve dois momentos difíceis nessa atividade. Primeiro pegou uma área que era quase toda de madeira de lei, boa para vender para as serrarias. Também havia um pouco de madeira de corte. Acabado o trabalho, colocou tudo na beira do rio, por onde a madeira era transportada. Aconteceu de dar uma enchente e tudo se perdeu. Um baque. Nem o arrendamento ele conseguiu pagar. Depois acertou tudo, mas ficou sem dinheiro. Meu avô soube, então, da dificuldade que é cair e depois levantar. Mas se levantou.

Quando estava bem de novo, equilibrado, os filhos passaram a trabalhar com ele. Papai nasceu em 1912, e já aos nove anos foi para a mata. Minha tia Lourdes tinha, então, sete anos. Os irmãos deles, mais velhos, já estavam nesse trabalho. Papai era o carroceiro, pegava aquelas grandes toras postas sobre rodas, com um cavalo puxando. Montava na madeira e conduzia o cavalo para levar a tora até onde fosse preciso. Minha tia foi para lá cozinhar, limpar e cuidar da casa para o pai e todos os irmãos. Meu pai com nove anos, ela com sete; os dois, muito pequenos. Quando anoitecia e eles podiam parar, sentavam ao lado um do outro e choravam. Choravam de solidão, de saudade, embora estivessem com o pai, com os irmãos mais velhos. Viveram assim por muito tempo.

Vovô teve um segundo percalço: arrendou nova mata, quase toda composta de madeira de corte. Pretendia, com ela, tirar lucro mais rápido. Para isso fechou negócio de antemão, ia vender tudo para a Estrada de Ferro Sorocabana. Um dia, a madeira já estava toda pronta e posta em pilhas ao lado da estrada para, na manhã seguinte, meu avô completar o negócio. Mas, durante a noite, a madeira pegou fogo. Ardeu toda. Falou-se até em sabotagem, mas não havia como provar.

Essa foi a segunda queda de vovô, e dessa vez ele não conseguiu mais se erguer. Pagou tudo, mas ficou vivendo uma vida modesta. O bonito nisso é que ele educou os filhos todos no trabalho. Só não participaram dessa atividade os dois mais novos, muito meninos ainda, crianças demais. Mas os outros todos foram formados no trabalho. Papai teve seu caráter lapidado no trabalho.

Minha avó paterna, por outro lado, era uma nobre vêneta que veio de bem perto de Pádua. Chegou ao Brasil ainda menina, praticamente escondida no porão do navio, por causa de situações de guerra. Chamava-se Ermínia Capelari. Tinha doze anos, brincava ainda no quintal, quando lhe apresentaram o Jorge, que já havia conversado com os pais dela, e lhe disseram:

— Você vai se casar com ele.

Para uma menina, aquilo era uma diversão. Contam que ela esteve na sala e logo voltou a brincar. Quase um ano depois, ele voltou. Fizeram um almoço, ou um jantar, e celebraram o noivado. Tinha treze anos, e ficou noiva. Casou-se aos quatorze. E foi bonito, ainda que de uma beleza meio trágica.

A cerimônia foi de manhã. Meu avô fez questão de um lindo casamento religioso, lá em São Pedro, e houve festa no resto do dia. Depois, ao entardecer, foram para a casa deles. Anoiteceu. De repente, Ermínia chegou correndo à casa de tia Miguelina, e disse:

— Tia, não vou dormir com aquele homem de jeito nenhum, de jeito nenhum, não vou ficar sozinha com ele lá...

Então tia Miguelina teve, com grande paciência, de lhe explicar tudo. Depois a acompanhou de volta. Conversou com ela e com o Jorge. A tia dava risada, meu avô também. Disse:

— Não, a senhora pode ficar sossegada.

Imagine a paciência do meu avô, a delicadeza dele. Minha avó não sabia nada de nada nesse campo. Tiveram onze filhos, apenas uma menina faleceu ainda na infância. São muitas histórias. Na nossa família está nossa identidade. E eu sempre cultivei essas histórias todas e sempre tive alegria em relembrar o que vivi e o que me contaram. Acho que hoje sou um bom contador de histórias porque convivi com pessoas que lutaram e fizeram de suas vidas uma vitória.

Minha avó, apesar de ter enfrentado tantos sofrimentos de uma vida difícil, não perdeu a nobreza. Andava ereta, mesmo após os oitenta anos. Ela nasceu na Itália, em 1882; veio para o Brasil com seus pais e irmãos, no porão de um navio, ainda no século XIX. Faleceu em 1971, com 89 anos muito bem vividos. Ela foi realmente uma vencedora.

Por descuido, e pelas dificuldades da época, não tratou em tempo de uma catarata e foi perdendo a visão, até ficar cega. Assim mesmo, estava sempre asseada, com aquele cabelo branquinho, branquinho, sempre muito bem vestida.

Sua morte foi, para mim, um choque. Ela costumava passar temporadas longas na casa de meus pais. Era muito geniosa, e por isso não era todo filho que gostava de ficar com ela. Minha mãe, muito paciente, era exceção. Então vovó, por causa disso, ficava muito em nossa casa. Estava praticamente vivendo lá. Eu já morava no seminário. No Dia das Mães, fui ver minha mãe. Fui da cozinha para o quarto. Quando vi o quarto da avó sem nada, disse:

— Mas mãe, onde é que está minha avó?

E ela ficou sem jeito; meu pai, mais sem jeito ainda. Minha mãe acabou dizendo:

— É, meu filho, foi tudo tão de repente que nem deu para avisar. Eu já sabia que você vinha no dia das mães, estávamos esperando sua chegada para contar. Foi nesta semana, sua avó morreu lá no interior. De repente, ela insistiu que queria ir a São Pedro. Queria porque queria. E não teve outro jeito senão levá-la. Mas ela, parece, queria ir para se despedir, para morrer. Assim que chegou, teve uma forte diarréia. E você sabe, para pessoa idosa, diarréia pode ser fatal... Morreu... Até para seu pai ir foi uma dificuldade. Vai para lá, telefona para cá. Por isso não telefonamos pro seminário.

Tive um choque grande quando soube que minha avó tinha morrido. Guardo boas lembranças deles, meu avô, minha avó. Saudades.

Lá estava eu, agora sem ninguém da minha família, no Seminário Salesiano. Lavrinhas. Pequena cidade incrustada na Serra da Mantiqueira, no Vale do Paraíba. Local de muitos dias ensolarados, cheios de paz e de cores. Lá estava eu, com minhas lembranças de menino e com meus sonhos. E com tudo o que dentro de mim se anunciava como futuro.

E o Guedes estava comigo. O Guedes. Antes do seminário, sem que soubéssemos disso, já tínhamos algo em comum. E era esta, a história.

Uma das minhas tias, tia Maria, filha mais velha do meu avô Jorge, casou-se com um rapaz que trabalhava na Estrada de Ferro Sorocabana, num ramal que ia de Piracicaba para Jundiaí, depois descia e se juntava com a linha principal, indo para São Paulo e para as outras regiões. O marido da minha tia começou trabalhando em Piracicaba. Quando chegou a chefe, foi ficando nas outras cidadezinhas, para depois chegar a São Paulo. O costume era esse, à medida que os funcionários da ferrovia eram promovidos, também subiam na estrada. Ele foi chefe de estação numa cidadezinha ali próxima.

Anthero, o pai do padre Guedes, que também trabalhava na Sorocabana, terminou a carreira aqui em São

Paulo. Eu sabia que meu tio havia se aposentado em Domingos de Morais. Pedira para não chegar a São Paulo porque era doente, mas tinha qualificação para isso. Ao falarmos nesse assunto, nós dois já padres, trabalhando juntos, Guedes disse:

— Alguma hora que meu pai aparecer aqui, perguntamos a ele.

Quando tive oportunidade de tocar nesse assunto, o pai do Guedes ficou com o rosto iluminado:

— Mas você é sobrinho do Zeca?

Confirmei. E ele:

— Mas que beleza!

Começou então a falar sobre ele e aquela que viria a ser mãe do padre Guedes. Contou justamente isso: meu tio o havia chamado, rapazinho novo, para ir trabalhar com ele naquela estação, e aprender telegrafia. Foi, aprendeu rápido. E sabe como é, rapaz novo, chegando à cidade, as moças já começaram a se interessar. Ela, a que hoje é mãe do padre Guedes, também se interessou. Foi a mais ousada. Procurou minha tia Maria e disse que estava gostando dele. A casa dos meus tios era ligadinha com a chefia da estação, bem pertinho. Minha tia, muito jeitosa, disse assim:

— Então faça o seguinte, venha me ajudar. Você fica por aqui, me ajuda um pouquinho, arruma a casa, lava a louça. Daqui você vê o Anthero, vocês se encontram, eu te mando levar recado para o Zeca na estação...

Até que os dois se aproximaram. Mas, naquele tempo, para começar a namorar, tinha que falar com o pai. Meu tio foi conversar com o pai dela, que disse:

— Sim, conheço muito bem o senhor, e o prezo muito, senhor José de Barros. Mas preciso conhecer esse rapaz, ele não tem que evitar as normas da nossa família.

E meu tio:

— É, sei. Por isso vim dizer que conheço muito bem o rapaz. Mas, para ele vir falar com o senhor, achei melhor vir antes.

— Ah, então está muito bem. Pode mandar o rapaz aqui, preciso ter uma conversa com ele.

Ele foi, passou por aquela sabatina dos pais daquele tempo. Mas o namoro foi permitido, depois o noivado e o casamento. Por causa disso, é claro, os meus tios foram os padrinhos. Só podiam ser eles os padrinhos de casamento.

E o pai do padre Guedes contou, rindo:

— Naquele tempo, havia o costume de também ter discurso no casamento. E é claro que pedi ao seu tio para fazer o discurso. Ele fez até um belo discurso, mas não sabia terminar. De repente, resolveu concluir, dizendo: 'E eu faço votos de que esta data se repita por muitos e muitos anos'. Esse foi o final que o tio Zeca arranjou para o discurso...

Guedes e eu fomos nos encontrar em Lavrinhas, sem saber de nada disso... Ele foi meu melhor colega, meu modelo no seminário. Após minha ordenação, atuamos como padres, sonhamos e realizamos juntos, sem saber nada dessa história. Só muito tempo depois, trabalhando no grupo de jovens, viemos a saber que nossas vidas há muito estavam entrelaçadas.

Meu pai devia estar ainda no trem, já chegando a São Paulo. Talvez dormindo. Talvez observando tantos olhares que se cruzam, num vagão de trem. Com certeza devia estar pensando em mim e rezando por mim. Seu filho então começava a construir sua própria história. E ele havia me abençoado e me emocionado com sua comunhão. Pensava nessas coisas e sentia saudades. Mas sabia que iria me acostumar. Sabia o que queria. E o clima do seminário era realmente propício para a felicidade. As orações, a amizade, os espaços santificados de quem queria levar uma vida diferente. Mas a família estaria sempre presente na minha memória e na minha história. Meu pai já devia estar chegando e logo reencontraria minha mãe.

Foi assim que eles se conheceram.

Meu tio Zeca fora promovido para atuar na estação de Elias Fausto. E fez, com meu pai, a mesma coisa que havia feito com o pai do Guedes. Sérgio, seu cunhado, que viria a ser meu pai, era ainda um jovenzinho. Meu tio convidou-o para trabalhar com ele, como telegrafista. Ficaria ao lado de Maria, a irmã mais velha. Ele foi, aprendeu telegrafia, praticou. Aí se repetiu a história da moça interessada, só que desta vez a moça não precisou ajudar minha tia na casa. Minha tia também tinha interesse na felicidade do irmão.

Josefa, minha futura mãe, morava pertinho da estação. Interessou-se por Sérgio, o telegrafista, que era cunhado do chefe da estação, portanto, tinha uma posição de destaque na cidade. Meu avô, pai dela, era o terceiro homem na cidade. Ali havia o Rachid, o Maluf e meu avô materno, que se chamava Antonio Roberto Pacheco. E minha avó, Benedita Fogaça.

Esse meu avô foi, por volta de 1932, o primeiro a ter carro na cidade, daqueles que ainda tinham capota de lona. Ele se interessava muito pela política. A cidade, dividida em dois grupos, revelava uma situação interessantíssima. Embaixo, ficava o PRP, Partido Republicano Paulista, porque a cidade ficava na área de influência de Itu. Elias Fausto era engenheiro da Estrada e um forte representante da política ituana. Deu nome à cidade e, como era político, a cidade politizou-se bastante. Então, todo o pessoal do PRP morava no lado de baixo, e o pessoal do outro partido, o Partido Republicano Progressista (que, fundado pelo piracicabano Adhemar de Barros, depois se transformaria no Partido Social Progressista), morava no lado de cima. Daí aquela rivalidade.

A cidade ficou distribuída entre os dois partidos. Os de baixo tinham o privilégio da estação. Havia a sala de cinema de baixo, era cinema antigo, ainda começando, e a sala de cinema de cima. O salão de baile de baixo e o salão de baile de cima. A banda de baixo e a banda de cima. E, como a sede da paróquia era em cima, talvez para involuntariamente compensar o privilégio da estação, os de baixo, com grande dor de cotovelo, assumiram a capela de São Benedito como igreja deles. Iam buscar padre em Campinas, para missa aos domingos, festas, Semana Santa. E faziam questão de que tudo fosse melhor do que o promovido pelos de cima. Era uma rivalidade, uma briga, a cidade dividida no meio por causa da política.

Os pais, claro, não queriam saber de namoro entre os de cima e os de baixo. E era a maior diversão, porque, em verdade, tudo que é proibido é melhor. Era inevitável que os jovens namorassem às escondidas. Depois, não tinha jeito, os casamentos acabavam acontecendo. Mas era tudo muito divertido.

Meu pai foi exceção a toda essa rivalidade, porque veio de fora e também morava na parte de baixo. Mas papai agüentou pouco tempo a profissão de telegrafista. Viu que não era a vocação dele. Tinha sido acostumado a trabalhos mais brutos, mais pesados. Nesse tempo, ele era pedreiro e já tinha prática. Procurou tio Zeca e disse:

— Olha, não agüento, vou trabalhar de pedreiro...

Tio Zeca ainda tentou demovê-lo, mas ele insistiu:

— Não, sou pedreiro. É essa minha profissão, é isso que quero fazer.

Deixou a telegrafia e foi trabalhar em seu ofício. Daí a decepção do seu Pacheco, meu avô. Imagine, a filha dele namorando um pedreiro... Se fosse o telegrafista, tudo bem. Cunhado do chefe de estação, tudo bem. Mas um pedreiro... Foi uma guerra.

Mamãe era a mais velha entre seus irmãos, trabalhava com meu avô, foi uma funcionária excelente. Meu avô era um rico negociante. Muito inteligente. Era ferreiro, perito em metal e madeira. Fazia todas as coisas próprias de cidade do interior: arado, bico de arado; fazia consertos, construía o que fosse preciso. Todos os filhos trabalhavam com ele. Montou um bar e outros comércios. Minha avó era realmente trabalhadora, e era quem diuturnamente cuidava desses negócios. Nesse lado da família, todos morreram muito cedo. Minha avó faleceu aos quarenta e sete anos.

Minha mãe, desde mocinha, era secretária. Fazia todo o trabalho administrativo, contábil. Meu avô não vivia sem ela. Ele negociava, e minha mãe deixava os negócios em dia. Era ela quem cuidava do dinheiro e de todas as coisas.

Então, foi a guerra. Meu avô ficou desgostoso com o namoro, com a minha mãe. Os meus pais se amavam, minha mãe queria muito se casar com meu pai. Meu avô fez todas as chantagens para que ela não se casasse. Mamãe, nos últimos tempos antes do casamento, pedia, encarecidamente:

— Pai, me deixe parar de trabalhar com o senhor para aprender a fazer as coisas de casa.

Ela era ainda muito nova quando foi trabalhar com ele. Ele sempre prometia:

— Quando ficar noiva, quando estiver próxima do casamento, você deixa de trabalhar comigo e fica em casa para que sua mãe ensine a fazer as coisas, a limpar, a cozinhar etc.

O tempo foi passando, e mamãe não aprendeu as tarefas domésticas. Depois que eles se casaram, mamãe não sabia cozinhar. Aprendeu um pouco, nos últimos dias antes do casamento, com a empregada de casa. Os primeiros tempos juntos foram demonstrações diárias de amor e generosidade.

Depois de casados, quando papai e mamãe foram morar na roça, ele chegava à tarde do trabalho de pedreiro, todo sujo, cansado, e encontrava mamãe chorando porque nada tinha dado certo. O arroz ficara papa, o feijão com muito sal... E meu pai, com grande paciência, começava a preparar tudo outra vez, com ela, rindo, brincando, cantando. Papai era seresteiro. E daqueles que, apesar da rudeza do trabalho, não deixavam embotar a sensibilidade para a arte. Era um cantador, um cantador sedutor. Ah, em Elias Fausto ele fazia parte de um grupo de seresteiros; praticamente papai conquistou mamãe na seresta. E cultivou mamãe na seresta. Então papai, entre rir e brincar, fazia tudo. Mamãe, depois, tornou-se excelente cozinheira, mas quem a ensinou foi meu pai.

Meu avô tentou, até o fim, desfazer o casamento deles. Diferentemente das meninas daquela época, ela não fez o enxoval. Meu avô dizia:

— Não, você não precisa. Compro tudo para você, vou com você a Campinas.

E fez isso. Foi com ela a Campinas, nas melhores lojas, comprou tudo o que ela queria e ainda mais. Se ele achava uma coisa muito modesta, não aceitava, comprava do melhor. Voltaram de carro para Elias Fausto, ele guiando. No caminho, meu avô foi dizendo:

— Zefa, você sabe que não aprovo esse seu casamento.

— Sei, pai...

— Então não se case com o Sérgio. Você está com o enxoval todinho comprado, mas isso não é problema. Nós damos todo esse enxoval, mas não se case com ele...

E ficou falando. Mamãe, muito respeitosa, ouvia quieta. Depois falou assim:

— Não, pai, vou me casar com o Sérgio.

Nisso, na estrada, passaram por um lugar. Lá no alto do morro, havia um casebre paupérrimo. Ele até parou o carro e disse:

— Olhe, olhe lá pra cima. Se você me obedecer e não se casar com o Sérgio, você vai ser uma princesa. Vou lhe dar um palácio, e muito mais do que este seu enxoval. Mas se você se casar com o Sérgio, você está deserdada. Vai morar num casebre como aquele.

Minha mãe parou, fez uma longa pausa e disse:

— Pai, eu aceito. Estou deserdada, mas vou me casar com Sérgio.

Meu avô ligou o carro e voltou para Elias Fausto. Fez como se nada tivesse acontecido.

A união da cidade, os de cima e os de baixo, se deu pelo casamento da minha mãe. Meu avô deu uma senhora festa de casamento, para toda a população, de cima e de baixo. A festa era no lado de baixo, no lugar do meu avô, mas todo o povo de cima também foi convidado e compareceu. E que alegria! Comida e bebida à vontade, lembranças para os convidados, tudo do bom e do melhor. Falou-se daquilo anos a fio, porque nunca se viu outro casamento como o que seu Pacheco fez, da Zefa e do Sérgio. Mas, naquela noite, a minha mãe já foi para a roça e ficou lá, porque meu avô literalmente não lhe deu mais nada. Os recém-casados foram morar na roça. E meu pai trabalhava duro, fez de tudo para sustentar a família.

Naquela época, só havia três empórios na cidade, o do Rachid, o do Maluf e o de meu avô. Claro que eles iam se abastecer no empório do meu avô, mas pagavam. Mamãe, com o dinheirinho que papai havia ganhado durante a semana, comprava o mínimo necessário. Os meus tios colocavam sempre coisas a mais, o dobro ou o triplo daquilo que constava na listinha. Meu avô, muito esperto, acabou percebendo. Disse para minha avó:

— Você vá ver, porque alguma coisa está acontecendo.

Minha avó passou a prestar atenção e, um dia, pegou a lista e conferiu direitinho todas as coisas. Não é que minha avó tirou o que estava a mais? Chorando, mas ela tinha de obedecer ao meu avô. Só seguiu aquilo que estava na lista. E minha mãe teve, com a maior vergonha, de ir para casa daquele jeito. Nem isso os irmãos dela puderam fazer mais. Ela foi deserdada na prática.

Quando me lembro de todas essas histórias, fico pensando mais uma vez no milagre da vida. Nos encontros e desencontros. Nas atitudes que, muitas vezes irrefletidas, destroem sentimentos e pessoas. Fico pensando na perseverança. A jornada é sempre penosa. Os caminhos a serem percorridos não são asfaltados. Há pedregulhos; há subidas, descidas; há paisagens que comprometem os olhos daqueles que um dia tiveram esperança. Para os descrentes, essa é a prova de que tudo está aí por acaso. Eu acredito em milagres e acredito em missão. E sei que cada história é lapidada com cuidado especial. Naturalmente, Deus respeita a liberdade de cada um. O chamado é dele. Foi ele quem amou primeiro. O resto depende de nós. Se assim não fosse, seríamos robôs, pessoas sem livre-arbítrio. Somos seres inteligentes, e a nossa inteligência nos permite perceber os milagres acontecendo e nos envolvendo todos os dias da nossa vida. A nossa inteligência é capaz de perceber os sinais. São sutis, mas existem. Cada um deve seguir o impulso da sua vocação, por mais dura e complexa que seja.

E era exatamente isso o que eu sentia naquele seminário. Em Lavrinhas, começava o meu longo percurso para entender a minha missão e realizá-la. Não imaginava, menino, naquela idade, tudo o que estava por vir, mas, no meu coração, já me preparava. Alguma coisa dizia que não seria fácil, e alguma coisa dizia que seria lindo. E é assim a missão. Assim foram os profetas de todos os tempos. Enfrentaram toda espécie de dor e sofrimento. Foram incompreendidos. Foram perseguidos. Mas não desistiram. Continuaram em frente para cumprir sua parte na história da salvação. E por isso estamos aqui, hoje, e sempre nos alimentamos dessa fé. Foi preciso que, no deserto, surgisse o clamor de vozes. Foi preciso que, da terra árida, alguma flor brotasse. A esperança.

A história sempre teve mulheres e homens que tiveram a coragem de fazer esse anúncio. Em mim também nascia, timidamente, essa coragem. Eu, ali em Lavrinhas, estava absolutamente entregue, querendo cumprir minha vocação. Estava pronto e disponível para ser um semeador. Um pregador. Um cantador.

Uma das coisas que mais me sensibilizaram, no seminário, foi a música. Meu chefe de mesa, o Guedes, cantava muito bem. Era o nosso solista. Uma excelente voz. Todos nós gostávamos de ouvi-lo cantar. Além disso, ele tocava requinta na banda, e me encantei com aquele instrumento. É uma clarineta pequenininha, de timbre mais agudo. Os garotos iam aprendendo a tocar piano, a cantar em coral. Havia aulas de música, aprendíamos a ler partituras, e tudo aquilo me encantou.

Chegou o 22 de novembro, festa de Santa Cecília, padroeira da música. O ar do colégio ficou tomado, o dia inteiro, de notas musicais. O toque da alvorada, para acordarmos, era feito com a banda. A missa era solene, com muitos hinos e canções. Música o dia inteiro. A banda tocava no pátio; após o almoço, fazia retreta. Depois havia a bênção do Santíssimo, no começo da noite. Mais tarde, *il gran finale*, no teatro, com recitais de canto, de piano, outros instrumentos. Então, na bênção do Santíssimo, justamente na hora em que o padre estava dando a bênção, meu pedido de menino foi este:

— Jesus, se a música for útil para o meu sacerdócio, me ajude a aprender música.

Eu não imaginava o alcance daquele pedido.

Logo depois da festa de Santa Cecília, o padre encarregado nos disse que havia vagas na banda. Quem quisesse aprender deveria pedir por escrito, declarando qual instrumento queria tocar. Eu me inscrevi para tocar requinta, fiz o teste e fui admitido. Comecei meu aprendizado na banda. Quem me ensinava era o Guedes. Ao mesmo tempo, padre Júlio Comba veio nos lembrar que o Natal estava chegando. Faltava um mês. Era necessário reforçar o coral de seminaristas. Quem se candidatava? Fiz o teste. Classificaram minha voz como contralto. Apesar de ser um coral exclusivamente masculino, éramos agrupados em todos os registros de voz, tanto os masculinos quanto os femininos. Participei dos ensaios e cantei naquele Natal.

Passávamos as férias no próprio seminário, não saíamos dali. Todas as aulas terminavam antes do dia oito de dezembro, dia da Imaculada Conceição. Esta era a data da grande festa do final do ano letivo. Depois, ficávamos no colégio. Havia mais passeio, mais esporte, líamos livros de aventuras, romances, mas continuávamos no colégio. Fiquei sete anos sem ir à minha casa. Meus pais iam me visitar, duas ou três vezes a cada ano.

Nas férias, padre Júlio anunciou vagas para aprender piano. Fiz a inscrição, o teste, e comecei. Menino, nem liguei uma coisa com a outra, embora me alegrasse com tudo isso. Foi depois, na vida, que percebi o pronto atendimento de Deus ao meu pedido. Vejo, hoje, o que foi a música na minha vida.

Mais tarde, depois do curso de Filosofia, tínhamos três anos como professor, para treinar a vida salesiana. Eu já era então mestre de banda, mestre de coral, tocava piano, e bem. Formei, com padre Alcides Pinto, de Cruzeiro, meu colega, uma parceria. Padre Alcides era letrista, eu fazia a música. Hinos do diretor, hinos para as grandes festas, até uma cantata fizemos juntos. Ou seja, a música, sempre a música. Nunca imaginei que Deus fosse, depois, colocar uma Canção Nova na minha mão. Tudo isso ligado àquele meu pedido de menino.

Eu queria muito ser padre. E, como padre, eu precisava ser pregador. E eu tinha um problema: quando menino, em casa, sofri de gagueira por um tempo. Quando fui para o seminário, voltei a gaguejar. Certamente por falta da família, porque em casa éramos muito unidos. Claro que eu agüentava firme, pois queria ser padre. Mas sentia muita saudade, e gaguejava bastante.

Para me livrar daquilo, me ensinaram a treinar a fala, ler em voz alta. E mais: o gago, quando canta, não gagueja. Eu fazia essas coisas nos intervalos de recreio. Muitas vezes sacrificava o esporte para pegar um livro e ficar andando pelos pátios, lendo em voz alta. Fazia isso porque precisava ser padre, e não podia ser o padre que eu gostaria de ser, sendo gago. Também pegava aqueles livros de música e ficava solfejando, cantando as notas. Não queria e não podia ter essa limitação, e por isso precisava corrigir minha gagueira. Hoje, eu mesmo admiro minha garra de menino. Lutei contra minha limitação na base da busca, do esforço.

Lavrinhas ficou para sempre na minha memória. Éramos mais ou menos cento e vinte meninos, fazíamos lá o ginásio, depois íamos para o noviciado. Os professores eram todos padres. Tive excelentes professores. Padre Luiz Garcia foi meu professor de português. Padre Júlio Comba me deu aulas de latim. Tive alguma dificuldade com matemática no início. Mas já no segundo ano entendi e peguei a engrenagem, graças às aulas de padre Hilário. Ele tinha uma pedagogia muito boa para ensinar matemática.

Para que eu passasse no primeiro ano, eles praticamente me deram nota. A nota mínima era seis. Tirei seis e meio. Quer dizer, me deram seis e meio. Mas no segundo ano, com o padre Hilário, foi tudo diferente. Eu me tornei bom em matemática.

Naquele tempo, as matérias de colegial eram praticamente dadas nos cinco anos de seminário. Tivemos álgebra, trigonometria, química, física, espanhol. Era muito puxado.

Também era uma vida de muita simplicidade. O seminário era pobre, muito pobre mesmo. A comida, entretanto, era boa, saudável. Gostávamos de praticar esportes. Eu corria bastante e saltava muito bem.

Meu problema era o comportamento. Muito tagarela, não me continha e, no estudo, nas aulas, nas filas, sempre era exigido silêncio. Além disso, naquele tempo, usava-se ainda pena de metal, que a gente molhava na tinta. O tinteiro ficava no meio daquela carteira dupla, antiga. Portanto, era necessária uma certa perícia para molhar a pena e depois escrever, sem sujar o dedo na tinta. Eu vivia borrando o caderno, e vivia com o dedo sujo daquela tinta azul. Meu Deus do céu, não tinha como limpar aquilo! E também não era possível esconder o dedo sujo. Eu tentava, no primeiro intervalo, me livrar daquilo, lavando as mãos com sabão de cinza. Mas não saía, porque a tinta era muito forte.

E, lá no seminário, aparecendo com caderno borrado, dedo sujo, o próprio Guedes era obrigado a me entregar. Cada grupo de dez alunos sentava numa fileira no salão de estudos, sob os cuidados de um chamado decurião. Guedes era meu decurião e, semanalmente, era obrigado a me entregar, pela minha tagarelice, pelos meus borrões no caderno e pela tinta nos dedos. Mas, no último ano, consegui tirar conceito ótimo em comportamento, graças a Deus.

A vida passava em meio a essas histórias cotidianas. Perdemos um colega, Carlos Campos, o que nos causou muita tristeza. Sofremos muito, porque foi um erro médico. Ele tinha muitas dores, e foi levado para a Santa Casa de Lorena. Os médicos pensaram que era apendicite, e não era. Operaram, fecharam, e as dores continuavam.

Quando o operaram pela segunda vez, estava tudo infeccionado. O que o meu colega tinha era um problema que causava uma compressão progressiva no intestino. Era uma cirurgia simples e, quando foram ver, estava tudo infeccionado. Foi uma morte muito dolorosa. Nós mesmos sepultamos o nosso colega. Ensaiamos rapidamente as músicas fúnebres. Nessa época eu já tocava na banda. Tocar no enterro de um colega foi uma coisa que nos marcou profundamente.

Ele foi enterrado no cemitério do próprio seminário, onde estão sepultados muitos padres e seminaristas. A morte, por maior que seja a nossa fé, sempre nos traz uma sensação estranha. O convívio fica apenas no passado, na lembrança.

Também fui colega do Vanderlei, sobre cuja vida o padre Antonio Corso escreveu, porque era um menino muito bom. Um menino que tinha traços de santidade, de entrega total a Deus. Às vezes não conseguimos entender o mistério do tempo e da permanência na Terra. Por que algumas vidas são prematuramente arrebatadas aos céus? Por que alguns, que são tão bons, fazem curta temporada entre nós? Pouco sabemos sobre isso. Eu sabia ainda menos naquela época.

No seminário, todos os anos, éramos acometidos por gripes fortes. Como dormíamos em apenas dois dormitórios, um para os maiores e um para os menores, quando alguém pegava gripe sempre passava a todos os outros.

Também foi lá que aprendi a nadar. Banho de chuveiro para cento e vinte, cento e cinqüenta, era muito difícil. Tínhamos um tanque grande que era a piscina. Todas as tardes, após a quinta aula, havia banho para todo mundo. Em turmas, porque também não cabia todo mundo na *piscina*. Eram cerca de dez minutos de banho, mas estávamos autorizados a nadar um pouco. Entre tomar banho e dar umas braçadas, dez minutos dentro d'água. Isto para que as quatro turmas não gastassem, todos os dias, mais que uma hora nessa atividade.

Em dias de calor, era uma grande festa. Pulávamos na água, brincávamos, coisa de meninos na alegria de estar em grupo. Em dias de frio, meses de julho, agosto, embora em grupo, a festa não era a mesma. A água fria era desafiadora. Mas não havia outro jeito. Só quem estava gripado tinha permissão para tomar banho de chuveiro. O restante tinha de agüentar o banho na piscina. Com isso, aprendi a nadar, a nadar bem.

Acordávamos às seis, seis e meia. O sino tocava e o assistente do dormitório batia palmas e dizia:

— *Benedicamus Dominum*, bendigamos ao Senhor.

— *Deo gratias*, graças a Deus — era a nossa resposta.

Tínhamos meia hora para fazer o asseio. Aos vinte e cinco minutos, exatamente, o assistente dava uma batida de palmas no meio do dormitório. Todos faziam fila para descer. Eu, quase todos os dias, estava atrasado. Era outra razão, além do dedo sujo e dos borrões, para minha baixa nota de comportamento: chegar atrasado na fila do dormitório. Arrumávamos a cama, o armário. Tínhamos de cuidar das nossas próprias coisas, o assistente passava vistoriando.

Em casa, a gente deitava muito cedo. No seminário, à noite, havia atividade. Era o horário para o estudo, e era sagrado. Naquele silêncio, eu tinha muito sono. O padre Hugo Neves era nosso diretor. Havia o *boa noite*. Eu cochilava durante o *boa noite*, e o diretor observava. Numa das noites, dormi feio. Só acordei quando o ouvi dando aquela bronca sentida:

— Jonas Abib! Fique de pé, para ver se em pé você não dorme!

A capela que existe hoje foi construída pelos seminaristas. A antiga estava em condições precárias, mas o colégio era muito pobre, tinha poucas condições de construir uma nova capela. Só havia um pedreiro, o restante era trabalho nosso, ajudando. Nas férias, que passávamos no colégio, havia aulas de reforço durante as tardes. Mas quem tinha passado com notas acima de nove não precisava de aulas de reforço. Eu, graças a Deus, me dedicava para ser aprovado com notas acima de nove e dispensar o reforço. Queria trabalhar nas férias. E eu passava, praticamente, todas as tardes dando duro na construção da capela.

Lembro que, num dia de festa interna do colégio, em que a construção continuava porque não era dia santo, lá estávamos, o pedreiro e eu, sozinhos, trabalhando. Enquanto carregava massa para ele, pisei num pau roliço e caí, graças a Deus, sentado no andaime. Já estava no alto da capela. Senti uma dor imensa, mas podia ter sido pior. A lata, que estava nas minhas costas, estourou lá embaixo. Até mesmo quem estava na capela escutou o barulho. O pedreiro apenas disse:

— Menino, que te aconteceu?

— Não é nada, não.

Desci, peguei outra lata de massa e trouxe. Mas via lá embaixo a lata de massa que estourou no chão e agradecia a Deus por ter sido a lata e não eu.

Milagres. Pequenos ou grandes. Milagres. A consciência de estar vivo todos os dias. A consciência de conseguir driblar as adversidades. Os pequenos acidentes que podem ser fatais. Os grandes acidentes dos quais saímos intactos. Sobreviver. Viver!

Havia, todos os meses, o chamado passeio geral. Os passeios mais curtos eram de seis a oito quilômetros. Mas chegávamos a fazer doze, quinze quilômetros, a pé, rumo a lugares onde houvesse um rio ou um lago. Lá brincávamos, tomávamos banho, improvisávamos um campo de futebol. A comida ia num caminhãozinho, ou em lombo de burro. Passávamos o dia no campo.

Todos os anos, em geral depois da Páscoa, íamos à fazenda do seu Tondato. Era muito bom, porque era a própria família quem fazia a comida. Em geral, era churrasco. No seminário, apenas raramente havia carne, e assim mesmo carne de panela. Então, nesse dia, era churrasco, e muitas frutas apanhadas no pomar. A gente saía de manhã cedo e só voltava, a pé, de noite.

É claro que houve um passeio em que nos perdemos. Mesmo dividindo-nos em grupos, não dávamos com o caminho. Encontramos um mineiro, na estrada, que disse:

— É aí perto. Já, já vocês encontram uma vendinha. Chegou à vendinha, já chegou ao lugar.

E nós andamos e andamos. Daquela vez fizemos mais de vinte quilômetros a pé. E para voltar, depois? Mas, graças a Deus, acabamos achando um caminho, que não era tão longo assim. Ficou célebre o passeio da vendinha, que o mineiro disse que era perto.

Uma coisa marcante era o trem. Sabíamos os horários do trem: quando ia, quando voltava, quando apitava... E o trem era sempre um símbolo do que nós deixamos e do que nós queríamos. Nossos pais vinham ao colégio de trem. Traziam esperança na bagagem, levavam de volta alegria e a saudade que também ficava entre nós. Éramos meninos que estavam ali em busca de algo mais. Éramos meninos com certezas e com dúvidas, que gostariam de um colo seguro de mãe, de afeto prolongado da família. Meninos apenas. Tentávamos parecer valentes. Compartilhávamos as notícias boas e propagávamos nossa alegria. E sentíamos o vazio que ficava, quando da partida do trem. Tinha de ser assim. Assim crescemos e amadurecemos.

Os meus pais, como disse, vinham duas ou três vezes por ano. Não era fácil deixar todas as coisas e viajar. Eu entendia e continuava amando-os à distância. Ficava à espera de uma nova composição que trouxesse, em seus vagões, sorrisos ou apenas notícias.

Soube assim do nascimento das minhas três irmãs. Eu as conheci quando foram trazidas ao colégio. A família ficava durante o fim de semana e voltava no domingo. E tínhamos as cartas. Que festa, cada vez que chegava uma carta! Eu lia e relia. E muitas vezes me emocionava ao saber novidades de casa. Cada palavra tinha um significado especial. Tinha consciência de que fazia falta na vida deles e também por isso queria ser bom. Queria mostrar que a distância, a saudade, a ausência tinham um sentido. Faziam parte duma subida, o cume estava ainda para ser alcançado, mas a visão da paisagem que, com certeza, seria linda, ficava na imaginação. A realidade era Lavrinhas. A imaginação morava em outras paragens. Nos milagres que aconteceriam amanhã e depois de amanhã.

E esse tempo já passou. E ainda não passou...

CAPÍTULO DOIS

A luz dos meus olhos

"Como um jovem manterá pura a sua vida? Sendo fiel às vossas palavras. De todo o coração eu vos procuro; não permitais que eu me aparte de vossos mandamentos. Guardo no fundo do meu coração a vossa palavra, para não vos ofender."

(Salmos 118, 9-11)

O tempo de Lavrinhas havia sido muito rico. É impressionante a velocidade com que o tempo passa, e as transformações que nós sofremos com essa passagem. Cheguei menino, era praticamente uma criança. Tudo era novo para mim. E, então, o tempo cada vez mais atuava em meu favor. Meus conhecimentos se ampliavam, minha visão da Igreja ia ficando mais clara, e o desejo missionário ardia intensamente dentro de mim. Era momento de partir para uma nova estação. Da pequena Lavrinhas, com seu lindo visual, para uma cidade que ficava no caminho de Campos de Jordão. A nova estação ou o novo porto seguro era Pindamonhangaba.

Lá foi o meu noviciado. Vivi naquela comunidade durante um ano. A lembrança mais marcante desse tempo foi o dia em que recebi minha primeira batina. Como são significativos, esses rituais! Como nos marcam os momentos em que celebramos o que queremos em nossa vida! Eu era ainda tão jovem. E tão cioso do que queria. Era um passo a mais para me tornar, por milagre, sacerdote do Senhor.

Por milagre, sim, porque a vida é um milagre, e um milagre é também o chamado. Como milagre é estar atento para ouvir e pronto para dizer sim, tal como Maria. Era a minha entrega total a Deus, que depois eu mostraria numa canção:

Tudo te entreguei, nada me restou,
livre eu fiquei para te amar, meu Deus.
Tudo me pediste, nada eu te neguei.
Hoje sou feliz assim, tenho a ti, meu Deus.

A batina era entregue no dia dezenove de março, festa de São José. Saíamos de Pindamonhangaba e íamos todos para São Paulo, ao Liceu Coração de Jesus. Era lá que era feita a entrega, numa cerimônia muito comovente.

Entrávamos vestidos com ternos, nossos pais nos levavam as batinas, que vestíamos lá mesmo, no altar. Era um sinal de entrega, de desprendimento. Estávamos amadurecendo na nossa opção, a caminho de fazer os votos e nos dedicarmos integralmente à vida religiosa. Seguidores de Dom Bosco. Filhos de Maria Auxiliadora.

Quando fomos a São Paulo para a cerimônia, não pude ir à casa dos meus pais. Eles é que vieram até o Liceu. Mas foi tudo muito bonito. Aconteceu na mesma igreja em que minha mãe veio a conhecer a imagem de Dom Bosco, a ouvir falar nele pela segunda vez. No mesmo Liceu Coração de Jesus onde fui coroinha, onde conheci uma pessoa muito importante para mim, e de quem falarei mais tarde, o senhor José Pinto... Aliás, seu Zé Pinto estava presente quando vesti pela primeira vez a batina. E também estava, com todos os coroinhas, na minha ordenação sacerdotal.

O nosso mestre no noviciado, em Pindamonhangaba, era padre Hugo Neves. Eu já o conhecia, pois ele havia sido diretor em Lavrinhas, no meu primeiro ano. Era um excelente mestre. Todos os professores eram padres.

Nessa época fui sineteiro, ocupação pela qual todos nós tínhamos que passar, um mês cada um. Era preciso tocar o sino nas horas certas, só que eu não tinha relógio. Tinha de me regular pelo único que havia, no pórtico. Quando estávamos perto dele, era fácil me orientar pelo seu toque. Mas, quando estávamos longe, quando íamos trabalhar na horta, tinha de ser por aproximação. E era bem fácil eu me atrasar no toque da sineta. Levei bronca todo o tempo. Foi uma dureza. O assistente dizia:

— Você tem de aprender a calcular.

— Mas como é que eu vou fazer? Sendo cálculo, pode ter erro, para antes e para depois.

— Mas é assim que você vai aprender a calcular.

Ainda não fazíamos, no noviciado, trabalhos externos, em paróquias ou em comunidades. Mas mantínhamos muito contato com outros noviços. Os redentoristas, por exemplo, tinham noviciado ali. Havia também estudantes franciscanos, cada um com seu carisma, buscando seguir o impulso de sua vocação.

Tivemos visitas importantes. Primeiro, Dom Ladislau Paz. Não era bispo ainda naquela época. Era inspetor da Inspetoria de Manaus. Veio e nos narrou as complexidades do trabalho das missões com os índios; falou de toda a experiência adquirida por esses lugares onde os salesianos se aventuravam. Depois, o padre Generoso Bogo. Era missionário, na China. Veio uma vez, durante nosso seminário menor, e no noviciado também, para passar um tempo com os parentes. Falava das missões, naquele país da Ásia, das condições que eles tinham de enfrentar. Os salesianos só conseguiam continuar lá por causa das escolas profissionais. Até para batizar crianças era a maior dificuldade. Tudo por causa do regime político, que impedia a presença da Igreja.

Por fim, Dom João Costa. Esse era bispo em Porto Velho, bispo evangelizador. Também nos contava de sua vocação missionária. Ouvíamos todas aquelas histórias e ficávamos fascinados. Eram belíssimos testemunhos de vida que fortaleciam a nossa fé. Aquilo nos alimentava, ficávamos imaginando como seria a nossa história. Quanto desejo de também servir a causa do Evangelho! Viajávamos pelo destino incerto do futuro, na convicção de que não estávamos ali por acaso.

Era o desabrochar que acontecia paulatinamente, sem que percebêssemos. Estávamos amadurecendo. Mudava o nosso corpo, nossa voz, nosso conhecimento acumulado em tantas aulas e leituras. Mas mudava algo mais. Estávamos mais maduros. O chamado inicial era o desafio do *sim*. Era a prontidão. Não sabíamos muita coisa a respeito de tudo o que teríamos pela frente.

Nossos olhos já eram então capazes de contemplar outras paragens. Antecipávamos as dificuldades e as alegrias que esperávamos ainda viver. Éramos capazes de imaginar tantas coisas. E sonhávamos. Depois de cada um desses relatos, dessas histórias de vida, nossas mentes ficavam povoadas pelas coisas que ainda estavam por vir. E isso nos animava muito.

Alguns anos depois, em meu primeiro ano de padre, eu voltaria a Pindamonhangaba, para trabalhar com os aspirantes, os meninos que entrariam para o seminário.

Havia um ano de preparação para eles, tanto em Lavrinhas como em Pinda. Fui, então, designado como padre assistente para cuidar deles. Havia um outro assistente. E aconteceram alguns fatos bem marcantes, coisas da vida, histórias de quem acredita na Providência.

Todas as primeiras sextas-feiras, eu ia a Coruputuba, um distrito de Pindamonhangaba que ganhara uma pequena estação da Estrada de Ferro Central do Brasil graças à grande fábrica de celulose e papel do Cícero Prado, que lá se localizava. Aquele cheiro era terrível. As pessoas do lugar tinham a língua esbranquiçada, um hálito diferente, por causa da celulose. Não era bom respirar aquilo de dia e de noite. Na quinta-feira, a véspera, eu ia para atender os que queriam se confessar e, na primeira sexta-feira, ouvia mais confissões e celebrava missa.

Muito mais tarde, depois de a Canção Nova já estabelecida, falando nisso ao Dunga e aos seus pais, eles me contaram que iam à igreja ali em Coruputuba. Freqüentavam a mesma igreja em que eu atendia, mas, até aquele momento, não haviam percebido que o padre, naquele ano de 1965, era eu. A mãe do Dunga o levava ao colo para as missas da primeira sexta-feira. A mãe de Néia - Néia é a esposa do Dunga - ia com ela. Fico imaginando o que acontecia na mente de Deus... Essas crianças no colo dos pais, esse padre novo celebrando a missa e atendendo confissões. E hoje estamos tão pertos, somos partes de uma mesma família.

Coincidências ou milagres. Histórias que vão sendo talhadas. O Artista e sua genialidade. O Artista e sua generosidade. Dunga, Néia... crianças. Eu, Jonas, homem, e as lembranças da minha história de menino.

Quando nasci, acabei sendo o elo de uma parcial reconciliação entre minha mãe e o pai dela. Fui o primeiro neto do lado materno, a alegria da família. Vivia mais na casa do meu avô que na casa da minha mãe. Quando estava com dois anos, aconteceu algo que por pouco não virou uma experiência trágica em minha vida. Tive uma conjuntivite que não foi curada e acabou virando tracoma. Tracoma, naquela época, cegava mesmo. Eu chorava dia e noite por causa da dor nos olhos. A conjuntivite foi tratada apenas com remédios caseiros; depois, com remédio de farmácia. Fui a um oculista, como se dizia na época, mas ele não conseguiu grande coisa. Até que meu avô chamou meu pai e disse:

— Pegue o menino e leve para o Penido Burnier... — referindo-se a um renomado oftalmologista, de Campinas. Meu pai disse:

— Mas, seu Pacheco, não tenho dinheiro...

— Eu tenho, lhe empresto.

E meu pai entendeu direitinho o que queria dizer o *lhe empresto*. Com o dinheiro do meu avô, meu pai me levou ao Penido Burnier. Ao ver minha situação, o médico ficou bravíssimo:

— Quem é que estava cuidando deste menino?

Ouviu o histórico, e logo disse:

— Amanhã, aqui no hospital, vamos fazer a operação dos dois olhos do menino. Não há como adiar mais...

Graças a Deus, no dia seguinte, meus olhos foram operados pelo doutor Burnier. Foi minha salvação. Eu podia, de fato, ter ficado cego. Mas continuei a ver o brilho da luz do dia, e poderia continuar a ver os milagres acontecendo. Se por acaso eu tivesse ficado cego, acho que minha fé faria com que eu sentisse, mesmo assim, esses milagres todos. Mas era necessário que eu continuasse a enxergar. Havia muito a ser feito com estes olhos. Eu tinha dois anos quando isso aconteceu, portanto era 1938.

Tudo tinha corrido bem, mas havia a questão do empréstimo. E papai tomou como compromisso o pagamento da operação dos olhos do filho. Disse à minha mãe:

— Temos de ir pra São Paulo. Aqui não vou ganhar o suficiente para a gente se manter e pagar o seu pai.

Era a retidão que falava mais alto. O compromisso de honrar as próprias dívidas. Essas são marcas do caráter de meu pai que nunca vou esquecer. Tinham de singrar outros mares e construir uma nova história. Minha mãe era sempre companheira para essas aventuras. Sabia que era preciso deixar algumas coisas para poder conquistar outras.

E foram enfrentar São Paulo. Moraram na Barra Funda, num porão da Rua Lopes Chaves, para pagar menos. Naquela época meu pai era um pedreiro avulso: trabalhava sem vínculos na construção que aparecesse. Algum tempo depois, fomos para a rua Camaragibe, também na Barra Funda. Moramos em porão e em lugares bem modestos. Meus pais se mantinham com o mínimo necessário, e mamãe, mulher maravilhosa, conservava tudo muito limpo, muito bem arrumado. Ela era, além de muito trabalhadora, de fato uma excelente administradora. Com isso, multiplicava os proventos que meu pai recebia. Nós, ainda que modestamente, sempre tínhamos o que comer.

Meu pai, como sempre fez, pegava os trabalhos mais brutos. Não tinha jeito para mexer com dinheiro, e nem queria. Todo mundo diz que os libaneses entendem disso, mas ele negou a ascendência. A vida inteira foi mamãe quem mexeu com o nosso dinheiro, e de forma eficaz. O dinheiro rendia na mão dela. Foi assim que meu pai conseguiu ir pagando para o sogro, todo mês, o tratamento dos meus olhos.

E o interessante é que, naturalmente, meu avô me amava. Como mecânico, fez, de latão, um primor de carrinho para mim, parecido com os automóveis daquele tempo. Com direção, pedaizinhos que mexiam, breque, tudo que havia num carro. Mas como meu avô havia deserdado minha mãe, o bendito recebia, mês após mês, o pagamento do dinheiro emprestado para a cirurgia. Então posso dizer que meu pai, honradamente, pagou os meus olhos. Tostão por tostão.

A casa da rua Camaragibe foi a melhor que tivemos. Era de um português chamado seu Duarte, pai de um grande radialista, o afamado locutor Raul Duarte. Seu Duarte nos alugou a sala da frente, que ficou sendo o quarto dos meus pais, meu e do meu irmão Zé Carlos, que nasceu logo depois. Era só o quarto, um banheiro, uma pequena sala e a cozinha, que ficava embaixo. Sob a escada que levava ao térreo, havia lugar para um fogãozinho. Nosso combustível, naquele tempo, era o carvão. Ali mamãe cozinhava, depois subia com as travessas. Comíamos lá em cima.

Nesse momento da nossa vida ocorreu uma passagem muito bonita. Já contei que mamãe tinha me consagrado a Dom Bosco, mesmo sem ter sequer ouvido falar dele. Quando ela ficou grávida do Zé Carlos, ia fazer o pré-natal numa clínica que ficava justamente na alameda Dino Bueno, atrás do Liceu Coração de Jesus. Depois que meu irmão nasceu, ela continuou indo lá, para levá-lo ao pediatra. No caminho, passava sempre pelo Liceu e pela igreja que dele fazia parte. Ao entrar nela, um santo vestido de batina lhe chamava a atenção. Ela simpatizou com aquele santo, sempre parava ali e pedia por nós: por mim, que ia pela mão dela, e pelo Zé Carlos, recém-nascido.

Até que um dia ela encontrou o sacristão, de sobrenome italiano, *seu* Gioia (que continuava sacristão, mais tarde, quando entrei como coroinha no Liceu). Ela lhe perguntou quem era aquele santo. Ele não somente disse que era Dom Bosco, mas também contou, como bom irmão coadjutor salesiano, o que foi possível contar, rapidinho, da vida do santo. E ela juntou, uniu as coisas. Tanto assim que, depois que ele explicou, ela foi lá de novo e me reconsagrou a Dom Bosco. Repetiu:

— Dom Bosco, cuida deste menino...

É daí que vem a admiração.

E como a vida não é feita somente de momentos leves, há também os momentos mais pesados, mais dolorosos, e da dor se podem extrair lições que acabam fortalecendo ainda mais a nossa fé, é preciso falar agora do sério problema de saúde que mamãe teve. Ela acabou contraindo tuberculose. E, em conseqüência disso, aconteceu um outro lindo sinal em nossa família.

A tuberculose de mamãe foi se adiantando tanto que o médico disse ao meu pai:

— Olhe, ela está com tanto pus na pleura, a membrana que envolve o pulmão, que se não colocar isso pra fora, não se salva. Não tenho como tirar, porque ela não vai agüentar uma cirurgia. Então o senhor vai perder sua esposa, porque a infecção é grande...

Mamãe não ouviu isso, mas, muito esperta, percebeu o que estava acontecendo. Na volta para casa (naquele tempo era tudo de ônibus ou de bonde... nem pensar em táxi, muito menos em carro), ela passou na igreja de Santo Antônio, na praça do Patriarca. No fundo dessa igreja existe, e está lá até hoje, uma imagem do Senhor morto. Ali mamãe fez um pedido a Jesus:

— Oh, Senhor, me concede vida; sei que é um milagre, mas me concede vida para eu criar meus filhos. Depois que eles estiverem criados, posso morrer. Mas me deixa criar meus filhos.

Saiu da igreja, foi para casa.

Nesse tempo, quem cuidava dela era um acadêmico de medicina, já residente. Aplicava injeção, acompanhava o tratamento, era a pessoa que mantinha contato com o médico. Mamãe chegou, deitou-se e, pouco depois, teve uma hemoptise tão forte que pôs sangue vivo pela boca. Mas, ao que parece, conseguiu eliminar também o pus e as secreções ruins. Mandaram chamar esse estudante de medicina. Ele veio, ficou espantado com o que viu, e entrou imediatamente em contato com o médico. Este tratou de tranqüilizá-lo, dizendo:

— É a salvação! Já estou a caminho.

Quando chegou, o médico explicou para ele e para meu pai:

— O que não imaginávamos aconteceu. Ela pôs pela boca, na hemoptise que teve, tudo que tinha dentro do pulmão: pus, sangue pisado. Ter uma hemoptise, em princípio, seria uma coisa ruim. Mas, graças a isso, ela eliminou tudo que tinha no pulmão e por isso vai se salvar!

Depois desse episódio, mudamo-nos para o Bairro do Limão. Minha mãe continuou o tratamento por mais sete anos. O médico havia dito:

— Seu Sérgio, não é bom sua esposa ficar na Barra Funda. Vá para um lugar mais saudável.

— Mas para onde, doutor?

— Bom, atravesse o rio. Vá morar no Bairro do Limão.

Naquele tempo, o Limão era periferia mesmo. A casa, na travessa Capuá, para onde mudamos, ainda existe. E por causa dessa mudança, conhecemos o colégio Padre Moye. Essa foi, para mim, uma segunda graça.

Estava com seis anos, nessa época. O Grupo Escolar, do Estado, era na frente da nossa nova casa. Mamãe ouvia os gritos, o ralhar, as batidas de réguas das professoras. E dizia:

— Não coloco o Jonas lá, de jeito nenhum!

Em casa, sempre me chamaram com ó aberto, *Jónas*.

Ela faria qualquer sacrifício para que eu tivesse uma educação de qualidade. Queria que eu tivesse condições para seguir meu sonho, qualquer que fosse ele. Não queria que, estudando num ambiente de pouco amor e muita agressividade, eu me tornasse alguém menos meigo. E começou a procurar e a sonhar com algum local em que eu pudesse, de fato, aprender com qualidade.

Acontece que as Irmãs da Providência de Gap, congregação que teve origem na cidade francesa de Gap (daí o nome), tinham, havia pouco tempo, aberto um colégio, na subida do morro do Bairro do Limão. O estabelecimento se chamava Colégio Padre Moye. Ainda existe, e é uma grande escola. E as irmãs são educadoras maravilhosas.

Naquele início, elas iam às casas, convidando as famílias para matricular os filhos.

Já que era colégio particular, para mantê-lo, elas precisavam cobrar uma mensalidade, ainda que módica. Mas para meu pai, mesmo assim, seria um heroísmo pagar o colégio. Minha mãe, boa administradora, conversou com ele, e ambos concordaram, dizendo:

— Temos que dar a melhor educação para nosso filho...

E fui para o Colégio Padre Moye, assim que completei sete anos. Fui com toda a ansiedade que tem um menino ao ir pela primeira vez à escola. Já era suficientemente curioso para querer aprender. Entrei naquele colégio carregado de esperança. Queria muito ser alguém e sabia, já naquela idade, o quanto a escola seria importante para minha vida. Coisas que meus pais sempre falaram em casa. E eu via o sacrifício que tinham de fazer para me manter numa escola particular. Não queria causar nenhuma decepção. E não decepcionei ninguém.

Muitas histórias se passaram naquele Colégio. Lembro-me de 1945, quando terminou a guerra. As irmãs nos reuniram num lugarzinho que ainda existe hoje, onde está uma estátua de São José. A irmã diretora veio avisar que, graças a Deus, a mortandade e a destruição tinham terminado na Europa, onde também estavam lutando os nossos pracinhas. Rezamos, agradecendo, cantamos o Hino Nacional, celebramos a paz.

Era, mais uma vez, a presença de Dom Bosco no meu caminho. As irmãs conheciam Dom Bosco, e de alguma maneira viviam, na educação, seu carisma. Eram também, como o santo italiano, devotas de Nossa Senhora Auxiliadora. Aliás, o fundador da congregação, o Padre João Moye, era francês, mas conheceu e apreciou Dom Bosco. Talvez tenha, por isso, escolhido Nossa Senhora Auxiliadora como uma das *patronesses* das suas obras missionárias. Comecei a ser educado nessa escola. As irmãs eram muito boas educadoras.

Como em todo colégio de freiras, sempre há um padre que vai para celebrar as missas, para atender as confissões etc. Perto do colégio, ficava a paróquia que tinha como responsável o zeloso padre Vitorino Gandara Mendes, de quem eu era coroinha. Fui coroinha desde menino, ali no bairro. Mas ele não sabia, e nem tinha como, dividir o tempo para também cuidar do colégio. Então, as irmãs foram ao Liceu Coração de Jesus (sempre o mesmo colégio) e pediram um padre que fosse semanalmente celebrar missa, para elas e para os meninos. As irmãs iam sempre à paróquia, mas era preciso que, uma vez por semana, houvesse missa no colégio, para nós todos.

Padre Geraldo Martinelli, salesiano do Liceu Coração de Jesus, aceitou o pedido. Ele era o que chamavam padre catequista. Então, todas as quintas-feiras, dia de folga entre os salesianos, ele sacrificava a folga e ia até o nosso colégio, celebrar missa. Mas, como bom salesiano, não se contentou com isso, quis fazer algo mais.

Depois da missa e do café, cuidava da nossa catequese. Era muito habilidoso, contava histórias, fazia mágicas. Ensinava catequese com jogos, brinquedos. A cada vez que vinha, trazia novidades. Lembro-me dele projetando fotos em diapositivo, passando para a gente aquelas histórias de Dom Bosco. Trouxe também o que a gente chamava de fita ou cineminha, um filme projetado com máquina de dezesseis milímetros. Naquelas manhãs, praticamente não havia aula.

Até um dia que, foi engraçado, ele disse a uma das irmãs:

— Num colégio de meninas a senhora pode muito bem deixá-las no pátio, que elas se distraem conversando. Mas os meninos são meninos, precisam de um campo de futebol, precisam correr, precisam ter bola...

Falou tanto que as convenceu. Mostrou a horta, o pomar. Disse:

— As senhoras não precisam disso, podem transformar esse espaço em campo de futebol...

Esperávamos a quinta-feira ansiosamente, pois amávamos a catequese.

Lembro-me também de um outro momento especial naquela escola. Eu devia estar no segundo ano primário. A superiora geral da congregação, conhecida como *mére* Rose, veio da França visitar o colégio. A casa-mãe das religiosas era em Itajubá, Minas Gerais. Podemos dizer que sair de Minas, onde estavam estabelecidas, para começar um novo trabalho, num bairro pobre, na cidade de São Paulo, foi um heroísmo das irmãs. *Mére* Rose visitou também cada uma das salas de aula. Quando chegou à nossa sala, e ela só fez isso na nossa sala, lançou a célebre pergunta:

— Que você quer ser quando crescer?

Cada um dos alunos foi dizendo. Quando chegou minha vez, eu disse que queria ser padre. E ela perguntou, disso me lembro:

— Por que você quer ser padre?

Dei uma resposta, da qual não me lembro. As irmãs não me disseram mais nada a respeito daquilo.

Só às vésperas da minha ordenação, indo ao colégio, elas me contariam que, naquele dia, no refeitório, a superiora geral primeiro descreveu a quem se referia, e depois lhes disse:

— Cuidem daquele menino. Ele me chamou a atenção não por dizer que quer ser padre. Muitos meninos daquela idade costumam dizer isso. O que me chamou a atenção foi a resposta que ele me deu, quando perguntei por que ele queria ser padre. A resposta que ele deu não é esperada na idade dele; ele é muito novo. Cuidem dele, porque esse menino vai ser padre...

E as irmãs cuidaram de mim, sem eu saber. Fui muito bem sucedido no colégio. Mas não consigo me lembrar da resposta que dei à pergunta dela.

Talvez só saiba no céu.

Meu desejo de ser padre não me fazia um menino quieto, sossegado. Muito ao contrário: eu era, de fato, muito vivo. Cantava, declamava, gostava muito de fazer discursos. Fiz o discurso para *mére* Rose. Embora eu tivesse sempre o texto na mão, acabava fazendo o discurso como se fosse de improviso. As irmãs admiravam minha memória. Elas, antes, faziam mil ensaios comigo. Nesse, da madre superiora, em vez de ler como estava ensaiado, fiz uma inclinação e disse assim:

— Senhora madre...

Elas riam muito. Depois, até a madre riu.

Passado o tempo do padre Martinelli no Liceu, porque os salesianos só ficam um tempo em cada local, ele foi ser catequista no Rio Grande do Sul. Mas nós, quando chegamos ao quarto ano primário, para nosso paraninfo não queríamos ninguém a não ser o padre Martinelli. As irmãs diziam:

— Não, vocês precisam aceitar que seja o inspetor escolar...

Claro que as irmãs queriam agradar o inspetor de ensino. Então dissemos:

— Podemos aceitar que o inspetor de ensino venha e faça discurso na nossa formatura, mas já escolhemos nosso paraninfo.

As irmãs, então, convidaram padre Martinelli.

Quando terminei o quarto ano primário, não tinha mais para onde ir. A escola das irmãs só ia até aquele grau, como era o costume da época. Ginásios públicos, que eram escolas equivalentes ao ciclo atual que vai da quinta até a oitava série, só no centro da cidade, e eram pouquíssimos. Naquele tempo, dizia-se ginásio. Havia também as escolas particulares.

E o que as irmãs fizeram, sem que eu soubesse? Foram procurar meu pai e lhe disseram que me colocasse no Liceu Coração de Jesus. Aliás, a história começa um pouco antes. Na nossa formatura do quarto ano primário, elas conversaram com padre Martinelli a meu respeito, e ele deu um conselho:

— Ponham o menino nas escolas profissionais. Os salesianos têm uma aqui, e o aluno que está na escola profissional tem direito de fazer o ginásio gratuitamente.

As aulas eram de manhã e, à tarde, havia a oficina. As irmãs, quando foram falar com meu pai, já tinham falado com os salesianos, só que não lhe disseram nada. Isso é pedagogia. Insistiram:

— Seu Sérgio, vá lá e converse com eles...

Elas insistiam para que não fosse retirada a bênção do meu pai. E ele:

— Mas irmãs, eu...

— Não, nada de *mas*. A escola profissional é justamente para os meninos mais pobres...

Meu pai foi, conversou, e fui admitido de primeira mão.

Fui para o colégio salesiano. E milagres vão se ligando: minha mãe me consagrou a Dom Bosco, *cuida deste menino...* Quando ela conhece o Liceu Coração de Jesus: *Dom Bosco, cuida deste menino...* Vim para este colégio, onde fiz artes gráficas, com especialidade em tipografia, e comecei os estudos ginasiais. Como já era coroinha na paróquia, fui ser coroinha também no santuário, e aí, muito rapidamente, a vocação estava despertada.

O interessante na história da minha consagração a Dom Bosco é que eu só soube dela às vésperas de ser ordenado. Minha mãe me chamou ao quarto, me fez sentar, e me contou. Eu disse:

— Mãe, por que a senhora não falou antes? Fui para o Liceu, depois fui para Lavrinhas, sou salesiano, de Dom Bosco, por que você não me contou?

— Meu filho, não quis influenciar você. Tinha medo de contar e influenciar a sua vocação...

Que pedagogia, não é?

E já havia acontecido a mesma coisa com as irmãs, na mesma época. Foram duas grandes alegrias.

As irmãs me contaram aquela história com a madre superiora. Dentro do colégio, todas as irmãs sabiam, umas passaram para as outras. A irmã Silvéria, que está ainda no Bairro do Limão, é testemunha. E eu lhes disse:

— Mas, irmãs, por que as senhoras não me contaram?

Elas disseram a mesma coisa que a minha mãe:

— Vimos que você tinha vocação e não quisemos influenciar...

Então aconteceu algo muito lindo, por parte de Dom Bosco, das irmãs e da minha mãe.

Quando mamãe, desenganada pelo médico, pediu a Jesus que lhe desse vida até ela criar os filhos, ali diante da imagem do Senhor Morto, pensava somente em mim e em José Carlos. Mas aconteceu uma coisa bonita.

Mamãe fazia tratamento no Instituto Clemente Ferreira. O médico sempre lhe recomendou, naquele tempo da tuberculose, que não tivesse filhos. Meus pais conseguiram, durante aqueles sete anos de tratamento, que mamãe não engravidasse. Mas, de repente, mamãe ficou grávida e se apresentou ao médico. O médico a repreendeu, e depois disse:

— Amanhã a senhora vem aqui, que nós vamos tirar essa criança.

— Não, doutor, de jeito nenhum. Sei que vai ser muito difícil criar essa criança, pelo meu estado, mas não vou abortar, não, de jeito nenhum.

— A senhora não tem juízo. Eu não lhe falei a vida inteira?

— Falou, doutor, mas aconteceu.

— Então venha aqui amanhã, vamos tirar essa criança.

— Não, não virei.

— Então vou conversar com seu marido.

— Não adianta conversar com o meu marido, porque a mãe sou eu. E além disso sei que meu marido também não vai permitir. Não vou tirar a criança.

— Nesse caso, não sou mais seu médico.

— Doutor, agradeço muito. O senhor foi muito bom todos esses anos, mas nisso não posso ceder.

E foi embora. Passado um tempinho, voltou àquela primeira clínica, ali ao lado do Liceu, na Dino Bueno. Lá encontrou um médico, já de meia idade, doutor José Carlos, e lhe explicou a situação. E ele:

— Não, minha senhora. Nós vamos ter essa criança, sim. Não sei como esse meu colega foi falar uma coisa dessas. Vou cuidar da senhora e, fique sabendo, essa criança vai lhe devolver a saúde.

O doutor José Carlos cuidou dela. Mamãe teve a Maria, a primeira das minhas irmãs, lá na Maternidade Leonor Mendes de Barros, que levava o nome da esposa do político Ademar de Barros.

Foi uma festa quando vi a primeira menina. Zé Carlos e eu já éramos grandinhos, eu tinha onze anos. O bonito é que, já na gestação da Maria, a minha mãe melhorou. Depois do nascimento dela, mamãe não teve mais nada no pulmão. Então, mamãe e papai tiraram "desconto" do tempo perdido. Mamãe teve quatro filhas, uma próxima da outra.

Quando eu já estava no final do quarto ano primário, papai comprou um terreno na Vila Nova Cachoeirinha.

Era tão longe que mamãe até chorou quando viu o lugar. Mas ele, corajosamente, fez a casa e nos mudamos.

Continuei no Liceu, mas, para chegar lá, saindo da Cachoeirinha, era uma epopéia. Precisava sair de casa às cinco e quinze da manhã, para pegar o ônibus até a Barra Funda, depois o trem, para chegar às sete horas ao Liceu. Se o ônibus atrasava, eu, menino, me aventurava no meio dos operários e pegava o transporte deles, carroceria de caminhão. De um jeito ou de outro, ia para a Barra Funda, pegava o trem chamado *subúrbio* até a Estação da Sorocabana, no centro (onde hoje funciona a Sala São Paulo). Dali para o Liceu era um pulinho, e eu ia a pé.

Para voltar, era a mesma coisa. A saída do Liceu era às cinco e meia, mas permitiam que saíssemos uns minutinhos antes, para pegar o *subúrbio* das cinco e meia ou das cinco e quarenta, e chegar às sete horas da noite em casa.

De manhã, como eu era coroinha, chegava um pouquinho antes das sete para ajudar as missas no Liceu. Era a primeira coisa. Como os coroinhas tinham o privilégio de tomar café, fazia isso e já ia direto para a classe, para as aulas da manhã.

Foi meu pai quem construiu a igreja de Nossa Senhora das Graças, na Vila Nova Cachoeirinha. Nas horas vagas, quase sempre no sábado, levantou a igreja. Depois que fui para o seminário, e ele passou a praticar a religião, como não havia ainda igreja na Cachoeirinha, ele ia ao Bairro do Limão assistir à missa. Foi papai quem fundou os Marianos da Cachoeirinha. E foi ele que iniciou os Vicentinos na Cachoeirinha. Há pouco tempo, como eu contava sempre essa história, um vicentino escutou e foi pesquisar. Encontrou a ata com o nome do meu pai como fundador, a reunião de fundação, o nome do pároco etc. E me deram tudo de presente.

Em relação à mesa de refeições, meu pai era impecável. Nisso, era libanês mesmo!

Primeiro: sempre a toalha branca na mesa. O pão, a gente não podia pôr do lado contrário, porque ele dizia que o pão é sagrado, é dom de Deus. E uma coisa maravilhosa: não tínhamos conversas desagradáveis à mesa. Era regra do meu pai: à mesa, apenas assuntos bons. E, outra coisa, meu pai dizia:

— É almoço, é janta, é do começo até o fim, ninguém sai da mesa...

Só depois que as minhas irmãs começaram a estudar, ele permitiu que fosse mudada a regra. Mas ficou assim:

— Se é só para comer, você faz o prato, come, e vai para a escola. Mas se é para almoçar, para jantar, é na mesa do começo até o fim...

Minhas irmãs não podiam fazer o prato e ir ver tevê. Comer na frente da televisão, nunca! Isso era horrível!

Sempre fui muito ligado à família antes de ir para o seminário. Enquanto estava em casa éramos como uma ninhada de gatos. Gatos que vivem juntos e são amigos, gostam de dormir uns por cima dos outros. Éramos, de fato, muito unidos antes de partir para o seminário, e, depois, nos momentos de férias. Acho que a nossa pobreza nos ajudou nisso. Dávamos valor às coisas. Sabíamos os sacrifícios que tinham de ser feitos para que pudéssemos nos manter.

Na tentativa de ajudar, eu tinha umas coisas bobas. Gastava o sapato até o último, porque sabia que meu pai não tinha dinheiro para comprar um novo. Então eu, bobo, em vez de dizer que meu sapato estava gasto, mandar ao sapateiro para pôr meia sola, usava o sapato até furar. Quando minha mãe via a meia suja no ponto onde a sola estava furada, me dava um pito. Mas eu sempre repetia isso. Mamãe fazia, ela mesma, as minhas camisas. Mesmo doente do pulmão, costurava todo o tempo para ajudar meu pai.

Nessa altura, papai, embora fosse civil, trabalhava para o Ministério da Guerra. Ali, na Barra Funda, pertinho da rua Camaragibe, ainda hoje existe o Quartel da Intendência. Papai trabalhava lá, como pedreiro de manutenção. Foi o que nos salvou durante o tempo da guerra.

Já morávamos no Bairro do Limão. Havia carestia para todo mundo. Para nós, também. Mas, no quartel, papai todo dia tinha pelo menos o pão, o leite. No fim do mês, tinha a compra. Claro, a gente pagava. Durante a guerra ainda, eu, com seis anos, saía do Bairro do Limão e ia até a Barra Funda, de ônibus, para buscar o pão e o leite, toda tarde, no quartel. Tudo isso foi unindo a gente. Dou graças a Deus também pela nossa pobreza, pelas nossas doenças, e tudo o mais, porque isso nos uniu muito.

No período da Segunda Guerra Mundial, principalmente depois que o Brasil entrou em conflito com os países do Eixo (Alemanha, Itália e Japão), em 1942, e até 1945, quando terminaram as hostilidades, o povo, coitado, não tinha nem pão. Só aquele pão preto, de centeio. Leite não havia; açúcar, nem pensar. Nós, pelo menos, tivemos tudo isso. Deus cuidou de nós...

Nesse tempo, mamãe costurava para o quartel porque, com a guerra, havia necessidade de mais roupas. Além das fardas dos soldados daqui, muita roupa ia para a frente de guerra. Ela passava dia e entrava pela noite costurando, para ajudar papai, apesar da saúde fraca.

Aos domingos, quando eu já estava no seminário, papai acordava mais cedo e preparava o café. Usava um caldeirãozinho, e fazia café do seu jeito, fervendo a água, e depois pondo o pó, que acabava passando por um breve cozimento. Tinha que ficar mexendo dentro do caldeirãozinho, e a colher fazia aquele barulho de *blem-blem, blem-blem, blem-blem*. Eu só escutava o barulho do café sendo feito quando estava em casa, nas férias, mas, às vezes, no seminário, me lembrava disso com saudade. Minhas irmãs e minha mãe continuavam a escutar, todo domingo, o *blem-blem* de papai mexendo o café.

Acho que fazia de propósito para acordar a casa, era como se fosse o sino já, lá dentro. Depois, coava o café. Era uma espécie de café árabe, mas coado. Quando o pessoal levantava, ele já estava pronto. Era o primeiro a puxar a fila. Dizia:

— Está na hora da missa.

Dava aquela pigarreada e saía. Era preciso que todo mundo saísse atrás dele e subisse o morro, porque tínhamos que subir da avenida até lá em cima, na igreja. E toda essa religiosidade, essa fé, foi fruto daquele momento de conversão, exatamente no dia em que entrei no seminário. Quando ele, corajosamente, se confessou e foi para a mesa da comunhão. Ali estava nascendo um novo homem.

E para mim, aquilo foi mais um sinal da presença de Deus na nossa vida. Era a confirmação de que eu estava no caminho certo. Meu pai, depois disso, nunca mais deixou de ir à Igreja.

Lembro-me de tantas histórias desse tempo. Parece que foi ontem.

Como não tinha dinheiro, eu mesmo construía minha árvore de Natal e meu presépio. Durante o ano, ia guardando papéis de chocolate, os que eu tinha e os encontrados na rua. Quando chegava a época do Natal, eu pegava goiaba verde, ou então fazia bolinhas de papel, e cobria com o papel de chocolate. Então enfeitava, eu mesmo, a árvore de Natal. Desenhava o presépio, depois recortava com tesoura, fazia as figuras e arrumava tudo. Meu pai foi sempre um homem bom, honesto, trabalhador. Mas durante minha infância, como já disse, ele não tinha prática religiosa. Então, eu é que fazia tudo isso.

A árvore era minha. Durante o ano, eu cuidava dela, plantada numa lata. E esperava, ansiosamente, a chegada do Natal. Não tinha o espírito consumista de querer uma árvore comprada ou de achar que a minha era simples demais. Vivia, nesses pequenos gestos, a alegria da infância. Tudo tinha gosto de novidade.

Minha avó materna, como já disse, faleceu muito cedo, por isso meus tios foram todos criados pela minha mãe. O primeiro a vir foi meu tio Suzano, que foi empregado da Votorantim. Começou como empurrador de carrinho de cimento e foi terminar como gerente. Quando contei isto ao doutor Antônio Ermírio de Moraes, ele exclamou:

— Mas você é sobrinho do Pacheco!

E eu fiquei muito honrado, pois sei da quantidade de funcionários que há na Votorantim e da admiração que todos têm pelo doutor Antônio Ermírio. E ele imediatamente se lembrou do meu tio. Meu tio Suzano, que morou com minha mãe até se casar. Depois, veio meu tio Santos, e, depois dele, o mais novo, meu tio Justus.

Meu tio Santos, como trabalhava e ganhava algum dinheiro, vendo meu empenho todos os anos em fazer a árvore e o presépio, num certo Natal me fez uma surpresa. Eu tinha ido dormir cedo, como era costume naquele tempo. À meia-noite, me acordaram e vi a árvore de Natal, com luzes apagando e acendendo, bolas verdadeiras, aqueles outros enfeites.

Meu Deus, quanta emoção! Eu não cabia em mim. Pulava, ria, vibrava como criança que se entusiasma com pequenas coisas. Para mim era uma grande coisa. Meu pinheirinho tinha virado, de surpresa, uma árvore de Natal!

No ano seguinte, fiz de novo o presépio com as minhas figuras. Ficou até acanhado, por causa da árvore. Arrumei com muito gosto, pus as bolas, ajeitei o presepinho modesto. E foi outra surpresa. Quando me acordaram, vi um presépio de verdade. Também tinha sido presente de tio Santos.

Até hoje tenho esse presépio, que durante muito tempo minha mãe guardou.

Em 1956, quando a construção de Brasília começou, minhas irmãs já estavam crescidas. Nessa época, papai teve outro baque. Todo ferro e todo cimento iam para Brasília. Então, fracassou o serviço de pedreiro. Papai era pedreiro primoroso, experiente, de primeira. Era até empreiteiro, sempre por ele mesmo. Mas com o trabalho fracassando, não teve outra escapatória a não ser também ir para Brasília. Passou, em Brasília, os anos de construção da nova capital.

Começou na construtora Ecel, e logo viram que ele, além de bom pedreiro, tinha qualidades de mestre. Disseram:

— Seu Sérgio, aqui nós temos muita mão-de-obra desqualificada, pessoas que vêm de vários lugares. Mas não temos pedreiros de fato, ou mestres-de-obras. O senhor não aceita fazer jornada dupla?

Ele precisava de dinheiro. Sua primeira viagem para casa, durante a construção, foi de trem, o percurso levou uma semana. Depois, demorou seis meses para voltar. Para mandar dinheiro para a família, manter-se lá e poder viajar para casa, precisava de mais salário. Então aceitou a proposta.

Fazia dois períodos. Saía do acampamento às cinco da manhã, chegava ao canteiro de obras às seis, trabalhava até as dez da noite, chegava ao alojamento às onze, para dormir. E recomeçar tudo, no dia seguinte. Graças a Deus, depois, no final, ele vinha de mês em mês, naqueles aviõezinhos de Brasília. Ganhou a vida, mas perdeu a saúde. Meu pai faleceu muito cedo, com 64 anos.

Ficou em Brasília cinco anos, construindo a capital. Papai foi o mestre-de-obras que construiu o Palácio da Alvorada. Sabia descrever direitinho como foram feitas as coisas, tudo que ele teve de fazer. Até nos dizia que, no lugar onde trabalha o presidente, fizeram parede dupla. Papai sabia tudo, lembrava daquelas façanhas e conversava sobre elas na nossa intimidade. Ali ele foi o construtor, não engenheiro, mas mestre-de-obras.

Depois que voltou de Brasília, papai foi trabalhar no Hospital da Beneficência Portuguesa. Era pedreiro de manutenção interna. Um dia, foi chamado a uma reunião com os responsáveis do Hospital. Colocaram plantas diante dele e disseram:

— Seu Sérgio, queremos construir a primeira sala de cirurgia do coração aqui, no Brasil. Precisamos fazer essa reforma. Queríamos que o senhor visse as plantas.

Ele viu, estudou junto com os engenheiros. Então perguntaram:

— O senhor seria capaz de dirigir a reforma?

Papai virou para eles e disse:

— Não sou capaz, mas se Deus me ajudar, enfrento.

E ele fez a primeira sala de cirurgia cardíaca. Naquela reunião com os engenheiros estava, inclusive, o médico que começou a cirurgia de transplante de coração no Brasil, doutor Euryclides de Jesus Zerbini. Aliás, ele foi o primeiro a fazer um transplante cardíaco na América Latina, em 1968.

Papai descrevia todas as tubulações que tiveram de fazer. Foi ele que erigiu toda a sala. Uma vez até disse:

— Se eu soubesse, teria aconselhado a não reformar. Fazer tudo novo. Mas é claro que essa sala devia estar no conjunto do hospital. Só que deu muito mais trabalho para reformar do que daria para fazer novo.

Esta é uma história que me toca fundo. Meu pai, um homem humilde a vida inteira, quis ser pedreiro porque sentia que a vocação dele era essa. E Deus o levou a fazer essa façanha. Ninguém sabe que ele construiu a primeira sala de cirurgia do coração no Brasil. Ninguém sabe que ele construiu o palácio da presidência da república. Mas Deus sabe. E não importa quem fez a obra, o que importa é a utilidade que ela tem para todos. Um simples pedreiro construiu um espaço em que milhares e milhares de pessoas foram salvas, tiveram uma nova oportunidade na vida, com um novo coração.

Todas essas lembranças de minha infância sempre me acompanharam e continuam a acompanhar. Em Pindamonhangaba, eu me lembrava do quanto tinha aprendido com o sofrimento dos meus pais.

A capacidade de trabalho do meu pai era impressionante. Seu brio. Sua honestidade. Nunca reclamou de ter de pagar os meus olhos ao meu avô. Nunca reclamou do trabalho árduo para sustentar toda a família. E estava presente na nossa vida em todas as ocasiões.

Minha mãe enfrentou doenças, adversidades. Não quis ser princesa. Não ouviu o pai, que queria um casamento mais afortunado para ela. Ouviu o coração e construiu uma linda história de amor e de respeito.

Em 1976, papai teve um infarto. Tinha só 64 anos, não completou 65. Ia completar em setembro, faleceu em junho. Teve um infarto, mas era forte, agüentou. Ficou acamado um tempo. Passados uns dois meses, papai teve um segundo infarto e foi para o Hospital Matarazzo. Estava hospitalizado no dia doze de junho, quando fomos visitá-lo.

A visita era às seis horas da tarde. Eu, por ser padre, podia entrar a hora que quisesse. Fui um pouco antes, para não tirar a vez dos outros, porque eram permitidas apenas duas pessoas por vez. O quarto tinha mais gente, era quarto de enfermaria, para duas ou três pessoas. Fui visitar papai com Luzia, minha querida Luzia Santiago, da Canção Nova, sobre quem falarei mais tarde. Mamãe e meus irmãos foram depois. Era dia dos namorados, mamãe levou dois cravos, um branco e um vermelho. Papai gostava demais de cravo. Mamãe esteve com ele pelo tempo que pôde e depois foi para casa.

No dia seguinte cedo, um domingo, como já tinha visitado papai e rezado junto com ele, voltei para Lorena. Dormi muito mal aquela noite. De manhã eu teria uma reunião preparatória para o Maranatá, um primeiro encontro para jovens, justamente ao lado da casa do senhor bispo. Também na reunião, eu estava muito ruim. As idéias não caminhavam. Até pedi às pessoas que rezassem por mim. A oração estava acabando quando chegou uma religiosa, avisando o pessoal. Depois tiveram de me avisar.

Papai tinha falecido. Pegamos um carro e viemos para São Paulo. Luzia me trouxe.

E o chocante foi isso: papai faleceu justamente no domingo, treze, bem de madrugada. Deu o terceiro infarto, ele não agüentou. Papai, nesse tempo, trabalhava como porteiro numa empresa, a Sheliga. Como não tínhamos telefone, quando pediram um telefone de contato, deram o do serviço dele. Minhas irmãs também trabalhavam lá. Como era domingo, ligaram para a empresa e ninguém atendeu. Na mudança de turno do hospital, tentaram de novo, ninguém atendia. E o dia inteiro passou assim.

Quando mamãe foi, às seis horas, visitar papai, entrou no quarto e viu outra pessoa na cama dele. O paciente do leito ao lado daquele em que papai esteve ficou todo sem graça e disse:

— A senhora tem de perguntar a respeito do seu Sérgio.

— O que aconteceu com o Sérgio?

— A senhora pergunta lá.

De noite, quando cheguei, papai estava ainda naquela situação: envolvido apenas num lençol, com aqueles papéis colantes. É que o hospital precisava que alguém da família liberasse o corpo, e só agora tinha chegado um familiar. Os funcionários do hospital pediram mil desculpas. A funerária, com o caixão, só veio de madrugada. Foi uma coisa chocante para nós. Foi muito duro ver tudo aquilo.

Mas houve uma compensação.

O enterro tinha que ser logo cedo, porque havia passado muito tempo. Apesar da pressa para avisar as pessoas, na manhã seguinte, quando foi celebrada a missa no velório do hospital, havia muita, muita gente. A mesma coisa no enterro. A fila de carros era tão grande que várias pessoas, no percurso, perguntavam:

— Quem é essa pessoa que faleceu? Era pessoa importante, para vir tanta gente? É um político, um empresário?

Tive essa alegria, de ver Deus premiando o homem justo que foi meu pai. Não teve nenhum destaque social, mas realizou a missão dele. Numa das minhas pregações, eu disse:

— Fui formado pelo carinho e pela honradez do meu pai.

Papai e mamãe foram duas pessoas muito diferentes, e tiveram formações muito diferentes. Mamãe, criada dentro das posses do terceiro homem de Elias Fausto, uma pessoa de sensibilidade muito grande, chegou a estudar violino naqueles tempos. Papai, desde os nove anos, teve um trabalho muito rude. Era caso de imaginar que houvesse incompatibilidade de gênios, porque, para dizer a verdade, eram tão diferentes em tudo que, humanamente, não teriam condição de viver juntos. Mas se amavam tanto...

Mamãe nos faria, mais tarde, uma revelação, lá em Queluz. Estávamos todos sentados naquela capelinha de baixo. O tema daquela missa era, justamente, o perdão. Preguei, o pessoal partilhou. Mamãe pediu a palavra e disse:

— Meu filho, preciso contar uma coisa que nunca contei. Nem tinha por que contar, mas conto hoje. Seu pai e eu nunca dormimos sem nos ter perdoado. Você pode se lembrar disso. Nunca discutimos na frente de vocês. Muitas vezes, você deve ter visto, íamos resolver as nossas situações no quarto.

Até brinquei com ela:

— Vi, mãe. Muitas vezes ficava escutando vocês dois lá, no maior bate-boca.

— Íamos resolver as nossas situações, sozinhos, no quarto. Muitas vezes nos desentendemos, mas nunca conseguimos ficar sem nos perdoar na mesma noite. Às vezes, um ia deitar bravo com o outro. Durante a noite, quem percebia que o outro não estava dormindo, perguntava: 'Bem, você está... está acordado?' E o outro, que não queria dar o braço a torcer, respondia: 'Tô.' Daí a gente conversava, a gente fazia as pazes, a gente se abraçava. Nunca dormimos sem reconciliação.

E eu nem sei se uma das minhas irmãs não foi concebida num desses perdões. É bem capaz que alguma delas tenha vindo num desses momentos de reconciliação do meu pai e da minha mãe. Como diz minha irmã Márcia, a herança que nós temos, e que eu tenho, é muito grande. Repito sempre: o papa João Paulo II queria canonizar casais. Sei que meu pai e minha mãe não têm condições disso. Mas não tenho dúvida nenhuma: nos padrões do papa João Paulo II, meu pai e minha mãe formavam um casal santo. Naqueles padrões, podiam ser canonizados. Não porque fossem perfeitos, mas porque se amaram muito, desde antes do casamento até a morte. E todas as situações que eles tiveram de enfrentar foram resolvidas sempre no amor.

Não tenho dúvida, sou resultado do meu pai e da minha mãe. E vergonha para mim, se eu não fosse como sou. Até deveria ser muito melhor, diante da herança que eles me deram. Sou um privilegiado. Se faltaram alguns bens materiais, se nunca moramos em palácio, se não tivemos os melhores brinquedos da época em nossa infância, o essencial esteve sempre presente: a honradez de um casal que se amou, enfrentou numerosas dificuldades, chorou e venceu. O que determina a vitória ou a derrota não é o dinheiro, é a felicidade. E a felicidade só se faz presente numa família que sabe conjugar o verbo amar.

E depois daquele primeiro período em Pindamonhangaba, fui para Lorena. Ainda havia muito a aprender para que eu pudesse me tornar um sacerdote. Iniciaria o tempo do conhecimento, o tempo dos cursos universitários e de tantos outros milagres...

CAPÍTULO TRÊS

Servo do Senhor

"Eis meu Servo que eu amparo, meu eleito ao qual dou toda a minha afeição, faço repousar sobre ele meu espírito, para que leve às nações a verdadeira religião."
(Isaías 42, 1)

Era chegado o momento de aprender mais, de tentar unir a fé que já havia brotado muito tempo antes – talvez até antes do meu nascimento, talvez no milagre da minha vinda ao mundo – aos conceitos da razão. Tinha de me preparar para ter conteúdo. Para isso, os candidatos ao sacerdócio cursam pelo menos as faculdades de Filosofia e Teologia.

Comecei pela Filosofia e fiz, ao mesmo tempo, Pedagogia, em Lorena, entre 1955 e 1958. Tive a graça, nesse tempo, de ter o padre Antônio Carlos Leôncio como diretor. Foi ele quem, heroicamente, começou a faculdade. Tudo que está lá construído, hoje, foi levantado pelo padre Leôncio. Nós, seminaristas, ajudávamos muito, mas ele foi um grande maestro que afinava nossa natural desafinação, esclarecia a todos nas dúvidas que surgiam. Já éramos jovens e era natural que tivéssemos receios. A vida caminhava para o grande momento de entrega a Deus. Era preciso amadurecer. E a maturidade às vezes incomoda, dá medo.

Filosofia é um rico caminho pelo conhecimento, a busca da razão, um instrumento essencial para fundamentar melhor o nosso repertório. Era preciso conhecer mais, para acreditar ainda mais nos milagres que nos rondavam todos os dias. E Pedagogia, a história de todos aqueles que se dedicaram à bela arte de ensinar, inclusive Dom Bosco, que soube compreender que sem amor não há educação. Ao estudo da Filosofia, dedicávamos manhã e tarde (com todos os livros em latim). A noite era reservada à Pedagogia.

O interessante é que Filosofia era dada por partes. Começava, por exemplo, com Lógica e Cosmologia, matérias estudadas integralmente. Depois, havia provas. Quem passou, passou. Pegava outras matérias, Ontologia, Teodicéia, Ética. Estudávamos só aquilo durante três, quatro meses. Prestávamos exames, passávamos ou não. Foi assim o tempo todo, na Filosofia. Já o estudo da Pedagogia se deu como em qualquer faculdade. Todas as matérias eram ministradas simultaneamente.

Não eram apenas seminaristas, ali. Havia também curso para rapazes leigos. Eram praticamente os mesmos professores, mas um curso à parte. As moças estudavam na mesma faculdade, mas com as irmãs salesianas. Os professores davam aulas onde hoje fica a Casa da Cultura de Lorena. Era o local em que ficavam as irmãs, com as moças que faziam os cursos. Vi começar o que é hoje o Instituto Santa Tereza. Foi o padre Leôncio quem conseguiu o terreno para as irmãs salesianas, na avenida Peixoto de Castro. Ali foi, solenemente, colocada a pedra fundamental.

Irmã Olga de Sá já estava lá, muito jovem ainda, muito firme, muito severa nas aulas, severa no sentido didático. Cheguei a assistir conferências com a irmã Olga, e participei de alguns cursos especiais que tínhamos durante a Pedagogia. Era uma espécie de congresso em que ganhávamos créditos por participação. Já nos conhecíamos bem, porque as irmãs também vinham às festas, com as moças. Ela era muito respeitada já naquele tempo. As pessoas ficavam fascinadas com seu conhecimento e inteligência.

Por essa época também já fazíamos pastoral, especialmente nos oratórios. Sempre às quintas-feiras e aos finais de semana.

Nas férias, íamos para uma cidadezinha localizada no alto da serra da Mantiqueira, ao lado de Itajubá, em Minas

Gerais. Lorena é uma cidade muito quente. Padre Leôncio nos levava, então, para Delfim Moreira, onde o clima era mais ameno. No meu primeiro ano, padre Leôncio era o diretor da faculdade e já cuidava de cada um de nós com atenção. Nos outros dois anos, acumulou também a função de diretor da comunidade, antes exercida pelo padre Pedro Prade.

Em Delfim Moreira, ficávamos na construção destinada a ser Santa Casa, mas que até hoje nunca chegou a essa condição. Era um local amplo, onde cabíamos todos. Havia muitas frutas do final de ano, pêssegos, pêras e marmelos. E passeios que fazíamos, a pé ou a cavalo. Era muito divertido, muito gostoso. Padre Leôncio era muito inovador.

No final do primeiro ano, por exemplo, fizemos as lajes de um dos conjuntos. Eram salas de aula, salões de estudo, dormitórios, coisa bem ampla. A engenharia não tinha outro meio, naquele tempo, a não ser fazer a laje de uma vez só. Se feita de outro modo, corria forte risco de trincar. Fizemos tudo carregando baldes e latas dois andares lá para cima. Subíamos aquelas escadas com o concreto nas costas, despejávamos e mexíamos o concreto. Levamos três dias e duas noites para encher a laje. Já sabíamos que o prêmio, depois, era irmos todos para a praia.

Fomos, então, para Ubatuba. Foi uma festa! Eram as férias do final do ano, perto do Natal. Naquele tempo, nem pensar em seminarista na praia. Muito menos usar calção ou coisa assim. Uma das inovações do padre Leôncio foi essa: mandou que arrumássemos calção de verdade, não queria ninguém cortando calça. Passar três ou quatro dias na praia foi, para nós, uma grande novidade. Além disso, foi muito bonito.

Fomos para uma praia de Ubatuba, onde o Broca Filho tinha casa. Ele até facilitou nossa viagem. Uma parte dos seminaristas ficou na casa dele; os outros, na casa de um amigo seu. Lá perto, havia uma aldeia de pescadores e uma capelinha. Começamos a freqüentá-la indo às missas e, à tarde, tomamos a iniciativa de cantar a novena do Natal.

Aquilo virou uma atração para os pescadores. Até procuraram a gente, perguntando se podiam participar. Foi mesmo uma beleza. As famílias dos pescadores vinham todas. Era poético: o começo da noite, a lua nascendo, o mar. Nós, na capelinha, cantando a novena de Natal. Os pescadores e suas famílias ficavam rodeando. Não cabia todo mundo dentro, mal e mal cabíamos nós. Eles ficavam em volta. Depois, a gente conversava com os pescadores.

Ficaram tão gratos que, no último dia, fizeram para nós uma tachada de camarões, pescados por eles mesmos. Era mercadoria apreciada, tinha muita saída. Mas fizeram questão de preparar uma tachada para nós, muito bem feita. E arroz, pirão. Fizeram tudo. Foi nossa última refeição ali.

Os camarões eram preparados inteiros, e ficavam muito gostosos. Lembro que grande parte dos seminaristas catarinenses, ao verem os camarões naturais, ainda com aquelas barbas, tiveram nojo. Ah! Que ótimo! Sobrou mais para nós. Comemos só camarão! Esses contatos com os pescadores fortaleciam, em mim, o carinho pelas pessoas simples. Na pobreza deles, davam o que tinham de melhor. Não havia mesquinharia, transbordavam generosidade.

Fomos duas ou três vezes à praia, com o padre Leôncio. Seguíamos, todos nós de batina, em cima da carroceria de dois caminhões. Pegávamos a antiga estrada de Parati, que ligava Guaratinguetá a Cunha. Imaginem só os solavancos, na subida e na descida. Na metade do caminho, quando começava o declive, achávamos melhor ir a pé. Os solavancos eram tantos que abandonávamos o caminhão e seguíamos andando. O caminhão também não podia descer muito depressa.

Na volta, subida, acontecia o oposto, porque subir a pé era duro. Mas, lá pela metade do caminho, aqueles caminhões antigos não agüentavam. O radiador começava a ferver. Então resolvíamos, outra vez, descer todos. Pegávamos água no caminho, para colocar no radiador. E subíamos quase a serra inteira, a pé. Mas era uma diversão. E cantávamos, e rezávamos, e nos sentíamos cada vez mais partes de uma única família.

Os salesianos sempre incentivaram as práticas esportivas. E eu não me fazia de rogado. Gostava de participar de tudo. No futebol, jogava no gol. Tirando os campeonatos, resolvia-se o time de futebol no refeitório. Todo mundo queria jogar na linha, ninguém queria ficar no gol. E eu, justamente porque meus colegas não queriam, comecei a aceitar. Gostei, fiquei a vida inteira jogando no gol. Nosso time era bom. E eu era um bom goleiro. O melhor era, de fato, o hoje padre Trajano. Jogávamos muita bola.

Nessa época, os seminaristas também usavam batina. Só depois de terminar o seminário é que começamos a abandoná-las. Tudo era feito de batina, até jogar futebol. Para o goleiro era maravilhoso, porque pelo menos por baixo das pernas não passava bola. A gente arregaçava a batina na frente, para ficar com as pernas livres. Prendia na cintura ou, então, nos próprios botões. Mas o goleiro não fazia isso, deixava a batina caindo inteirinha até os pés. E usávamos chuteira. Chuteira, com meia comprida e batina. De quando em vez tínhamos jogos contra o pessoal da cidade, os alunos do Colégio São Joaquim, por exemplo. E, sem falsa modéstia, era duro, era muito difícil ganhar da gente, apesar de os adversários não usarem batina.

Também jogávamos vôlei, e éramos muito bons. Ganhávamos muitos campeonatos, muitas disputas. E basquete. Eram os três esportes principais que a gente praticava, ali no próprio Instituto. Quando era possível, íamos para o campo do Colégio São Joaquim, que era maior.

E não era só esporte. Tínhamos incentivo para as artes. Uma das preferidas era, naturalmente, a música, que servia como um poderoso instrumento de evangelização. Mas também nos interessávamos por outras manifestações culturais.

No teatro, trabalhei em algumas peças, em operetas. *Marcos Pescador*, depois *Raio de Sol*, *A Virgem da Ermida*. A peça mais desgastante e mais bonita que encenamos foi *As Missões*. É um texto clássico. Para decorar aquelas falas, meu Deus do céu! São papéis muito difíceis de fazer. O assunto de *As Missões* era uma injustiça. Meu papel era o de um daqueles enviados para inspecionar as missões. Embora o personagem soubesse que não era verdade, precisava dar um parecer contrário, desfavorável. Era uma situação verdadeiramente trágica, uma injustiça. Fizemos tantas outras peças. E isso nos unia bastante e nos permitia descobrir e revelar nossos talentos.

Voltando à música: participei de vários festivais naquela época. Graças a Deus, ganhei alguns. Já compunha, mas não eram músicas modernas. Eram mais no estilo dos hinos da época. Fiz, por falar nisso, o hino de nossa formatura. Era uma cerimônia interna, mas muito solene. Cerca de trinta alunos se formavam por ano. O discurso era muito aguardado. Na minha turma, fiz o discurso, além do hino de formatura. Para fazer o discurso fui escolhido pelos colegas. Para a música, houve um concurso, que acabei ganhando.

Padre Leôncio, todas as tardes, às seis horas, fazia o programa da Ave-Maria, pela Rádio Cultura de Lorena. Comecei a ajudá-lo. Cuidava da parte técnica, preparava os aparelhos todos, verificava a linha telefônica com a estação, para que ele fizesse o programa no horário. Estava sempre a seu lado. Ele, muitas vezes, me pedia que lesse um trecho ou outro, uma passagem do Evangelho.

Foi o meu primeiro contato com o trabalho em rádio. Nas ocasiões em que padre Leôncio tinha outros compromissos, cabia a mim fazer o programa. Ao substituir padre Leôncio na Ave-Maria, minhas pernas tremiam! Agora vejo que Deus estava, ainda durante o curso de Filosofia, me preparando para meu trabalho no rádio, tendo padre Leôncio como mestre.

Desenvolvemos uma boa parceria com a Rádio Cultura de Lorena. Transmitiam as conferências da faculdade, davam cobertura às nossas festas, muitas missas eram irradiadas, as procissões também: da Semana Santa, de Dom Bosco, de Nossa Senhora Auxiliadora, de Corpus Christi, de São Benedito (só essas já eram cinco durante o ano, uma a cada dois meses). Graças à experiência no programa da Ave-Maria, freqüentemente eu ajudava na parte técnica e na locução também nessas transmissões. Fizemos um bom trabalho, juntos. Deus já estava me ensinando.

Uma vez levei uma forte repreensão do padre Ferreira, nosso diretor de estudos, a quem chamávamos conselheiro. Nas férias, ele me chamou e me passou uma descompostura:

— Você é ótimo de estudos, é ótimo de música, mas seu procedimento como seminarista está deixando a desejar. Vejo que você é piedoso, mas o seu jeito de ser não condiz com o de um seminarista!

Cada palavra dele doía no fundo da minha alma. Meu Deus do céu, como aquilo doeu! Não me xingou, não ralhou comigo, mas as palavras dele me tocaram com força. Aconteceu na metade do curso de Filosofia, e foi uma graça de Deus. Aquilo me soergueu. Criei brio. Quando ele terminou de falar, eu disse:

— O senhor tem toda a razão. Saiba que vou corresponder, e não quero que seja tarde. No final deste mês, o senhor já pode me dar o parecer, se reagi ou não.

Passado aquele prazo, fui conversar com ele. Perguntei:

— Como é que o senhor está me vendo?

— Parabéns! Não esperava que você reagisse tão rápido e tão bem.

— Continue a me observar, por favor. Preciso da sua atenção.

E, graças a Deus, isso estreitou muito minha amizade com o padre Ferreira, que já era um excelente professor. Dava aulas sem consultar manual nenhum. Se, acaso, carregava o manual, ficava ali, fechado, em cima da mesa.

Aconteceu que, no seminário, comecei a ficar inibido, introvertido. Então, embora eu fosse intelectualmente dotado, não era uma pessoa simpática. Quando eu já estudava Teologia, numas férias, durante um curso de canto gregoriano, passou por lá o Guedes, que era já padre, e reparei no sorriso dele. E eu, com a mesma ousadia de menino, pedi:

— Senhor, não posso ser uma pessoa carrancuda. Peço-vos a graça de um sorriso como o do padre Guedes.

Pedi, e não posso negar: Deus me atendeu.

Pouco motivo havia para aquele meu comportamento, já que eu concordava com tudo no seminário. Não era revoltado, nem sentia nenhuma carência especial. Tenho a impressão de que era a falta da família. Para nós, de origem libanesa, a família faz muita falta, embora o seminário fosse uma grande família. Mas colo de mãe é colo de mãe. Ternura de pai é ternura de pai. É uma pena que muita gente se esqueça disso hoje em dia.

Ao fim do curso de Filosofia, pensei comigo: "Agora, o que faço? Vou em frente ou paro por aqui?" Senti isso tão forte que me sentei no salão de estudos, fiz as contas, pondo os números no papel: se eu saísse naquele momento, fosse dar aulas, ser professor, quanto iria ganhar? Tinha diploma de Pedagogia e Filosofia. Vi que podia sair, verifiquei que teria possibilidades de namorar e casar, ser pai de família...

Família e casa sempre me encantaram. Nas férias, indo visitar pessoas, o que me chamava a atenção era a vida doméstica. Casa, mas casa cheia, com crianças, filhos. Eu queria ser padre, mas, ao mesmo tempo, aquilo me encantava. E não só fiz as contas financeiras, também examinei minha capacidade de ser um bom pai de família, um bom esposo. Depois de pôr tudo isso no papel, parei e disse: "Não, não é isso".

Amassei o papel na mão e, do lugar em que estava, vi o cesto de lixo lá adiante. Mirei e atirei a bolinha de papel. Acertei direitinho no cesto. Foi a melhor cesta que fiz na minha vida.

Lembro-me de que eu estava no meu terceiro ano de tirocínio, como era chamado. Era o ano em que me preparava para ir para Teologia. Fazíamos votos perpétuos, antes de ingressar no curso. Então, para mim, uma vez feitos os votos perpétuos e indo para o curso de Teologia, não havia mais retorno. Fiquei em pânico. Eu pensava: "Será que vou conseguir ser o padre que preciso ser? Não quero ser um padre medíocre."

Aquilo me assustou a ponto de me fazer perder o sono e o apetite. Até que fui conversar com meu diretor, padre Hugo Guarnieri, que hoje está numa paróquia do Guarujá. Ele, muito sábio, me escutou e disse:

— Não adianta se perguntar se você vai ser o padre que quer e precisa ser. Seu futuro não está em suas mãos. Para que amanhã você seja o padre que quer ser, tudo depende do padre que você é hoje.

Foi como se caíssem escamas dos meus olhos, como se me tirassem o peso de uma tonelada das costas. Foi muito bom. Guardei isso não só para meu tempo de Teologia, mas para toda minha vida. Tudo depende do dia de hoje. Se quero ser santo, tenho que ser santo no dia de hoje. Isso é uma rota, uma norma de vida para mim: ser hoje. Serei hoje aquilo que pretendo e aquilo que preciso ser amanhã.

Fiz os votos perpétuos em 31 de janeiro, festa de Dom Bosco. Foi em 1961, em Lavrinhas. Nesse dia, meu colega Luiz Marra e eu fizemos os nossos votos. Minha família veio participar. Então vi que não era mais possível voltar atrás. Graças a Deus, também não queria voltar.

Eu ainda cantaria muito essa canção do Nelsinho Correa:

Não dá mais para voltar
o barco está em alto mar...

Naquele tempo, a cerimônia dos votos perpétuos ainda não ocorria durante a missa. Era feita antes da bênção do Santíssimo. Cada um dos postulantes ia à frente e, de acordo com uma fórmula escrita, pronunciava os seus votos. Isso era precedido de perguntas feitas pelo superior: se estávamos conscientes do passo que íamos dar, se aceitávamos. Feitos os votos, assinávamos o papel e cumprimentávamos o superior.

Só então acontecia a bênção do Santíssimo Sacramento. Fazíamos isso tudo com muita solenidade. As músicas, a pregação, tudo nesse dia era muito solene.

Alguns anos depois, terminados os cursos de Filosofia e de Pedagogia, voltei a Lavrinhas para ser professor, mestre de música, chefe de banda, encarregado do coral. Tudo que eu havia aprendido naquele primeiro seminário me foi permitido colocar em prática lá mesmo.

Era muita atividade. Dei aulas de música, de história, até de matemática, porque o curso de Pedagogia daquele tempo também nos habilitava em matemática, em fazer estatística etc. A gente dava aula daquilo que era preciso. Até ensinei latim e português para os alunos menores. Durante três anos, cuidei da divisão dos menores.

Mas minha atividade principal era com música. Foi quando o bispo Dom Song, na época ainda adolescente, veio da China. Entrou diretamente no Seminário de Lavrinhas. Só sabia falar inglês e chinês, foi uma aventura para ele. E veio justamente para minha divisão. Foi meu aluno de piano e harmônio, instrumentos que havia começado a estudar na China. Era muito bom de música, e continuou o curso comigo.

Dom Milton, hoje arcebispo de Cuiabá, era menino em Lavrinhas também. Jogava futebol no meu time, era bom de bola. Nosso time jogava bem, era brioso! Treinávamos, ganhávamos campeonatos, ganhávamos jogos contra garotos de fora. Passei uns três anos com esse time, na nossa divisão.

A disciplina, em Lavrinhas, sempre havia sido muito firme. Tinha como base, evidentemente, os princípios todos de Dom Bosco, mas havia um pouco de exagero, algo além. E eu comecei, nesse primeiro ano de tirocínio, a inovar com os alunos. A aplicar, realmente, a pedagogia de Dom Bosco. Estava sempre no meio deles.

Fiz, por exemplo, pela primeira vez, festa junina dentro do seminário. Antes não havia. Eram só meninos, mas fizemos até mesmo quadrilha. Eles não se vestiram de menina, mas dançaram aquelas músicas típicas, cantando a quadrilha, obedecendo aos comandos da quadrilha. Lembro direitinho que o diretor, padre Luiz Garcia de Oliveira, ao ver aquilo, disse:

— Cuidado, você solta muito a disciplina. Depois não vai conseguir controlar.

Quando os alunos eram muito indisciplinados, ele falava:

— Está vendo? Você fica querendo inovar, mudar as coisas. Se você não tem as rédeas na mão, depois perde o controle.

Eu precisava inovar. Tinha consciência do risco, mas segui em frente. Queria viver a intensidade do sistema pedagógico de Dom Bosco. Era preciso colocar em prática os sonhos do jovem padre italiano que falou tanto do coração, da razão e da religião.

E como eu era feliz, sentindo-me um filho de Dom Bosco!

Esse tempo, em Lavrinhas, também foi muito rico. Éramos professores assistentes, cuidávamos de esportes. Era a vida salesiana na prática.

Veio a ser meu colega, como já disse, o padre Alcides Pinto, com quem fiz muitas músicas. A gente inventava, de repente, novas canções para todas aquelas peças que o colégio tinha. Ele fazia a letra; eu, a música. Eu tocava harmônio, que equivalia ao órgão. Naquelas missas cantadas, eu tocava, dirigia o coral. Era solista. Solava tanto na igreja como nas operetas, nas peças de teatro.

Criamos uma orquestrinha. Eu mesmo fazia orquestração para nossos instrumentos, escrevia todas as partituras. Preparava também as cópias para cada músico. Era um trabalhão. Mas fizemos boas coisas, graças a Deus!

Começaria então o tempo do curso de Teologia. Um outro trecho dessa jornada consciente rumo a ser inteiro de Deus.

CAPÍTULO QUATRO

Meu primeiro encontro pessoal com Jesus

"Disse-lhes Jesus: 'E vós quem dizeis que eu sou?' Simão Pedro respondeu: 'Tu és o Cristo, o Filho de Deus vivo!' Jesus então lhe disse: 'Feliz és, Simão, filho de Jonas, porque não foi a carne nem o sangue que te revelou isto, mas meu Pai que está nos céus.'"

(Mateus 16, 15-18)

Depois da rica vivência no Vale do Paraíba – Lavrinhas, Pindamonhangaba, Lorena –, voltei para São Paulo, onde tudo começou.

Saí de São Paulo menino, naquele trem, olhando a paisagem e pensando no futuro. Tinha a ingenuidade da criança, a saudade de casa, mas, na bagagem, havia um punhado de vontade de servir. Continuava com essa mesma vontade, agora mais maduro, mais consciente dos desafios que não eram poucos nem pequenos. Por outro lado, a vivência pastoral me ajudava a perceber que de fato era isso o que eu queria.

Gostava de estar com outros jovens e de provocá-los para uma vida mais feliz, dentro dos valores cristãos. Gostava da música, do convívio comunitário. Se apareciam dúvidas, era natural que assim fosse. Faz parte da juventude o turbilhão de emoções que nos joga para todos os lados e nos desafia, mas o tempo me ajudava na compreensão de que as renúncias que eu precisava fazer valiam a pena. As escolhas são sempre acompanhadas de renúncias e por isso mesmo têm mais valor. Fiz minha escolha, renunciei ao que devia renunciar e continuei minha caminhada.

Em São Paulo, cursei Teologia, de 1961 a 1964, no Instituto Teológico Pio XI, na Lapa. Tive excelentes professores. Padre Antônio Charbel, doutor em *Bíblia*, durante os quatro anos do curso foi meu professor nessa área. E excelente professor!

No final do meu primeiro ano, precisei fazer uma cirurgia do duodeno. Desenvolvi um trabalho muito intenso, durante os três anos em Lavrinhas. Não me poupava, muito pelo contrário, me multiplicava. E gostava de tudo o que fazia, por isso nem percebi a sobrecarga. Cuidava de uma divisão, dava aulas, trabalhava com música, orquestra e coral, preparava as solenidades, tinha de compor, ensaiar. E há momentos em que o corpo não agüenta. Provavelmente desenvolvi a úlcera nesse tempo.

Quando fui para a Teologia, toda essa atividade parou. Voltei a ser apenas estudante. E, ao que parece, depois da tempestade é que surgem as feridas. Pois foi nessa ocasião que se manifestou a úlcera.

Comecei a sentir as queimações características. Principiaram as idas e voltas aos médicos, exames, radiografias. Até que, nas férias de 1962, fiz a cirurgia do duodeno. Isso me fragilizou muito, mas era necessário e, portanto, fiz.

A cirurgia foi feita no hospital São José, no Brás. Quem me operou foi o doutor Luiz Brunette. E deu-se um caso interessante: um meu colega acabou tendo de fazer, quase em seguida, a mesma cirurgia, no mesmo hospital, com o mesmo médico. E então, uma semana depois de recuperado, ele me suplicou que fosse assistir à sua cirurgia.

Claro, me deixaram ficar só na janelinha. Quase desmaiei vendo aquilo tudo. Naquele tempo, a cirurgia era drástica. Fazia-se o corte bem no meio, e o ventre era aberto completamente. Os órgãos ficavam para fora. Estômago e duodeno eram também abertos. Corrigiam-se as glândulas dentro do estômago e cortava-se parte do duodeno. Fiquei ali, na janelinha, vendo, só para depois dizer ao meu colega que havia assistido à cirurgia dele. Suei frio, as pernas fraquejaram. E reparei em algo muito interessante: quando a cirurgia estava terminando, vi que o doutor pegou todas aquelas vísceras e colocou para dentro, aparentemente tudo misturado.

Posteriormente, numa das visitas que o doutor Luiz Brunette foi fazer para o meu colega, eu, muito perturbado, perguntei:

— Doutor, o senhor fez com ele o mesmo que fez comigo?

— E o que eu fiz?

— No fim da cirurgia, o senhor pegou tudo aquilo e pôs lá dentro. Mas como é que vai se acertar estômago e fígado, cada coisa no seu lugar?

— É assim mesmo, meu filho — ele disse, rindo. — Se a gente quiser colocar aquilo em ordem, não dá nada certo. A gente só solta aquilo lá dentro...

Aí que está o bonito. Ele era muito católico, muito observante, herdou isso do pai. O filho dele ainda hoje é diretor do hospital do Brás. E ele completou:

— Veja a beleza do que Deus faz: os órgãos se recolocam no lugar próprio. Se a gente quiser colocar em ordem, não vai acertar, só complica.

Fiquei com esse meu colega, cuidando dele. E tudo aquilo que vivi acabei vendo também. Esses sinais aumentavam ainda mais a minha fé. A máquina perfeita que é o corpo humano. Cada detalhe foi preparado miraculosamente pelo Senhor da Vida. Cada coisa com sua função. O ser humano é perfeito, é um espetáculo grandioso, fruto da generosidade do Criador.

Durante meu tratamento, mamãe, com muita dedicação, cuidou de mim. Depois da cirurgia, como eram férias, fui para casa. Sofri muito na convalescença, porque me fizeram aqueles pontos internos. A sutura é feita lá dentro, os pontos de fora são menos importantes. Os pontos internos devem ser organicamente absorvidos. Não é preciso retirá-los. Só que meu organismo rejeitou aquele material da sutura, houve inflamação. Comecei a ter febre.

Fui ao médico. Ele viu que os pontos estavam inflamados mesmo, até um tanto infeccionados. Foi preciso retirar aqueles pontos internos a frio, porque não era possível dar anestesia. Nossa, vi estrelas! A dor foi profunda...

É interessante notar que, na época em que estamos doentes ou em processo de recuperação, pensamos não ter forças suficientes para agüentar. Cada dia é um calvário. Depois de tudo acabado, depois que a ferida cicatriza, resta apenas a lembrança, indolor. Isso deveria ser um sinal para que entendêssemos outros sofrimentos que surgem em nossa vida. Tudo passa. É apenas uma questão de paciência e de tempo.

Mais tarde, tentei expressar exatamente isso numa minha canção:

Pode a tristeza durar até o anoitecer,
mas a alegria logo vem no amanhecer.
Quero acordar cantando e louvando o meu Senhor e rei...

Logo nas férias seguintes, em julho, começamos a ir ao Paiol Grande, em São Bento do Sapucaí.

É uma instituição dos padres canadenses, linda, muito boa. Íamos todos os seminaristas. Há um programa, para os que vão passar férias, desde a manhã até a noite. Atividades esportivas, muita disciplina, coisas muito variadas. Todos se organizam em grupos. Não é que sejam obrigados, mas são muito motivados e todos devem entrar em alguma modalidade esportiva, participar das competições entre as equipes. Experimentamos aqueles patins de rodas, com aquelas botas, na época uma novidade, e praticávamos num rinque de patinação excelente. Levamos muitos tombos, mas aprendemos a usar os patins.

O padre que cuidava do acampamento viu como os seminaristas salesianos eram bons, como assumiam a liderança em todos os esportes. Resolveu, então, nos fazer uma boa proposta. Queria que nas férias seguintes, de janeiro e fevereiro, viéssemos por turmas. Atuaríamos como assistentes dos garotos que vinham, do Brasil inteiro, para o acampamento de férias. Fui um dos escolhidos.

Então, nas férias de 1962 para 1963, e de 1963 para 1964, fui não só *paioleiro*, mas assistente de acampamento, no Paiol Grande. Ficávamos no meio dos garotos, agrupados em chalés. Cada chalé tinha vários dirigentes, um para cada modalidade de esporte. Fazíamos de tudo. Subíamos na Pedra do Baú. E praticávamos todas as atividades que consumiam nossa pulsante energia de jovens.

Entre as pessoas ilustres que passaram por lá estão o senador Eduardo Suplicy e o campeão mundial de boxe Eder Jofre. Ambos foram *paioleiros*. E tantos outros, espalhados por aí e que tiveram essa oportunidade de aprender a conviver, o que é algo essencial para os jovens. É preciso desenvolver esse dom da convivência, esse talento. Quando se trabalha em equipe, aprende-se a dividir as emoções, a ganhar e a perder, a ceder, a se multiplicar para fazer o outro feliz, a dizer sim e não. Aliás, para o jovem, aprender a dizer não pode ser o marco salvador da sua vida.

Minhas irmãs foram protagonistas de uma situação muito interessante, nessa época da Teologia. Ao longo do ano, fazíamos várias festas. Algumas eram no Liceu Coração de Jesus. Durante o curso, eu tocava piano na orquestrinha dos seminaristas. Comecei tocando clarinete, que aprendi junto com o padre Guedes. Ele também tocava piano, tocou a vida inteira. Mas eu acabei por me tornar pianista da orquestra.

Nesse tempo, Maria José estava saindo da adolescência, as minhas outras irmãs eram todas moças e belas. Bonitas mesmo. Bem ao estilo dos anos sessenta. Foram sempre muito bonitas, vestiam-se muito bem e com muito bom gosto, mesmo na pobreza. Márcia, especialmente, foi sempre uma beleza. E eu sempre as convidava para as festas.

Guardava na mente uma lição que minha mãe havia me ensinado. Eu era seminarista, estava na cozinha de casa. Diante das minhas irmãs, mamãe me disse:

— Meu filho, você precisa tratar muito bem as suas irmãs.

— Por que, mãe?

— Porque você foi para o seminário muito cedo. Zé Carlos conheceu você, mas suas irmãs, não. Só foram ver você no seminário, nunca viveram com você. Você só vinha aqui nas férias, vocês não tiveram convivência. E vai chegar o tempo em que elas vão precisar de você, e você, delas. Se elas não estiverem acostumadas a essa convivência, vocês não vão poder ajudar uns aos outros. Então, se o Zé Carlos trata bem suas irmãs, você precisa tratar dez vezes mais.

Entendi o que minha mãe quis dizer e me esmerei. Fazia de tudo para elas, o máximo. Quantas vezes levei uma ou outra lá para o Teatro Municipal, naqueles concertos matinais... Quando havia cinema no Liceu, eu levava. Às festas, eu levava. Para que nós pudéssemos conviver, estar juntos.

E numa das vezes em que ia haver festa no Liceu Coração de Jesus, a festa do padre inspetor, a maior do ano, eu as convidei. Quando elas chegaram, estava para começar a festa. Nós, os músicos, já estávamos no nosso lugar, no poço da orquestra, entre o palco e a platéia. Estávamos prontinhos para o início. Elas vieram me cumprimentar. E eu abracei e beijei cada uma das minhas irmãs. Depois disso, elas voltaram aos seus lugares. Mal tinham chegado lá, soou o aviso e começamos a tocar.

No intervalo, meus colegas chegaram para mim e disseram:

— Você viu o que você fez?

— Não. O que é que eu fiz?

— Você não viu? O teatro parou.

— Que é isso de o teatro parou?

— Parou quando elas chegaram e você abraçou e beijou as suas irmãs. O teatro parou, todo mundo ficou olhando.

Eu não tinha notado nada. Eles:

— É, acho que não viu mesmo. Você continuou a cumprimentá-las do mesmo jeito. Mas o teatro parou. Todo mundo ficou em silêncio.

E meus colegas acrescentaram:

— Parabéns, viu? O que você fez, todos nós queríamos fazer. Só que não temos coragem.

Chamaram a minha atenção para aquilo que eu tinha feito porque, naquele tempo, a gente nem discutia o masculino e o feminino. E no seminário, naturalmente, a nossa convivência com as mulheres era mínima. Convivíamos entre homens, nossos professores eram homens, nosso jeito de ser era absolutamente masculino, com pouca compreensão do feminino.

Tratar minhas irmãs daquele jeito era uma novidade fora do comum. Mas quem me ensinou isso? A minha mãe:

— Você precisa tratar as suas irmãs muito melhor...

Vejo que isso gerou exatamente o que acontece hoje em nossa comunidade: o masculino e o feminino vividos em sadia convivência. Foi uma lição de que o afeto nada tem de vergonhoso ou de proibido. O olhar, o toque, o beijo carinhoso numa irmã são demonstrações de respeito, de singeleza. Era essa a pedagogia da minha mãe. Repito: a herança que recebi é muito grande, e vergonha para mim se eu não corresponder à sua importância.

Meu último ano de Teologia e de seminário foi o mais atípico. Estava acontecendo o Concílio Vaticano II e, por conta disso e de todos aqueles que prepararam o Concílio, o curso de Teologia estava passando por uma transição. Aquela época foi toda de transição.

Logo no início daquele último ano, contraí uma doença estranha. Tinha muita dor de cabeça, a visão turva, e por causa disso as letras se embaralhavam, eu não conseguia ler. Ficou muito difícil estudar, escrever, participar das aulas.

Para tentar me livrar daquilo, fui primeiramente ao clínico geral, depois ao oftalmologista, passei por neurologista, fui parar até em psiquiatra. Tomei remédios receitados pelos médicos, sem que eles soubessem qual era minha doença e sem resultado perceptível.

Quando chegou o mês de maio, meus superiores acharam melhor que eu fizesse uma pausa no seminário. Aquela angústia de não conseguir participar das aulas, de não conseguir ler e estudar, estava me deixando pior. Criava ansiedade, tensão. Fui para Lavrinhas.

Antes disso, eu havia introduzido uma novidade na Teologia: o violão.

Naquele tempo começaram a gravar (naqueles discos de vinil) as Irmãs de Jesus Crucificado, religiosas com sede em Campinas, mas espalhadas pelo Brasil inteiro. Elas formaram um grupo bom. Cantavam, tocavam, compunham. Gravaram um primeiro LP, onde está a canção *Balada da caridade*, muito conhecida. Motivado por isso tudo, quis aprender a tocar violão. Imaginem o custo que foi isso. Precisei ir até o inspetor salesiano, o padre Stringari, pedir licença para aprender a tocar violão. Seminaristas e padres tocavam órgão, harmônio, piano, mas nunca violão. Era considerado um instrumento impróprio. Até mesmo para que eu tivesse violão foi preciso que o padre inspetor autorizasse.

Cumpridas essas etapas, compraram-me um violão e, durante a Teologia, comecei a aprender. Fui pioneiro. Nas férias, meus colegas me cercavam. Também tocava quando fui ao Paiol Grande. Isso tudo foi uma boa coisa para mim. E também incentivou meus colegas, que criaram coragem. Abri caminho e outros me seguiram.

Fui para Lavrinhas, no último ano da Teologia. Tanto lá, como em Lorena, no Colégio São Joaquim, e na Filosofia, entre os seminaristas da diocese, era surpreendente ver um estudante de Teologia, salesiano, tocando violão e cantando com a turma. Outros se juntavam, cantavam. Hoje é comum, mas naquele tempo era uma extraordinária inovação.

Fiz muito disso, naquela época. Já que não podia ler, não podia estudar, ficava junto com os seminaristas. Nas festas, ia para o palco, tocava, cantava com eles. O violão acabou sendo um companheiro nesses momentos difíceis. Por outro lado, tudo aquilo me provava cada vez mais que era assim, com música, com boas palavras e com ternura, que eu iria conquistar mais e mais jovens para Jesus. Mais uma vez, aquele pedido de menino na festa de Santa Cecília mostrava o milagre que Deus fez com a música na minha vida.

E o tempo foi passando. Mesmo com todo o cuidado que eu tinha, e com o acompanhamento dos médicos, minha saúde não melhorava. Passava o dia no trabalho da horta, no pomar, numa mudança de rotina. Evitava ficar lendo e estudando, porque essas atividades mais intelectuais me deixavam exausto. Embora fisicamente eu estivesse muito bem, a cabeça continuava ruim.

Então me levaram para o Hospital Militar de Piquete, o melhor que havia na região. Estive sob os cuidados do doutor Vanderlei, que tratou de mim como um pai. Mas ele mesmo viu que aquilo, de eu ter dor de cabeça, de não conseguir fixar a vista e embaralhar a visão, não mudava, e que eu só lia com muito esforço.

Nessa época, no mês de julho, aconteceu em Lorena a primeira Mariápolis do sul do Brasil, um encontro promovido pelos focolarinos, habitualmente realizado nos dias úteis. O movimento dos Focolares nasceu na Itália, em 1943, em plena guerra. Tirou o nome de uma palavra italiana que evoca o lar, o lugar onde as pessoas se reúnem na intimidade, ao redor do fogo da lareira. Lugar e momento onde há calor, fé, caridade e esperança.

Esses encontros, até aquela altura, só haviam acontecido no Nordeste. Os que vieram a Lorena eram de Garanhuns, Pernambuco. Desejavam, há muito, fazer um encontro no sul, em São Paulo, especialmente. E queriam vir para cá para implantar a editora Cidade Nova.

Naquele tempo, Dom José Mellado Campos, bispo de Lorena, participava do Concílio, e fez questão de, lá na Itália, visitar os Focolares. Foi à sede deles e se encantou. E eles travaram maior proximidade com o bispo. Quando pensaram em fazer uma Mariápolis no sul do Brasil, lembraram-se dele. Vieram, pediram e ele concordou, porque já conhecia e apreciava o movimento. Além disso, viram que o local era bastante apropriado. Havia a catedral, para as celebrações. Atrás da catedral, havia o salão de teatro Dom Peluzio, onde podiam acontecer as conferências. Para dormir e para as refeições, de um lado havia o seminário; do outro, o Instituto Irmã Zoraide, para as mulheres. Tudo ajeitadíssimo. E fizeram o encontro.

Várias moças, que trabalhavam no hospital de Piquete, compareceram. Então, na segunda e na terça, elas comentaram como estava sendo bom o encontro. A diretora me disse:

— O senhor podia participar. Está aqui, nesta situação, vai ser bom para o senhor.

E eu fui, desci para Lorena. Mas meus colegas, que estavam participando, falaram:

— Não vá, não. É um negócio muito chato, eles só cantam, dão testemunho. Você está cansado e vai ficar mais cansado ainda.

Apesar disso, depois do almoço, não agüentei. Fui sozinho até o local. Ao chegar, me pediram que não entrasse, que esperasse ali, atrás da cortina, pois um rapaz estava dando testemunho. De onde eu estava, podia ouvir perfeitamente. E esse rapaz, que era um dos organizadores daquele encontro, dava testemunho de Deus na doença.

Havia adoecido dias antes, precisou ir para o hospital. Dizia não entender por que aquilo lhe aconteceu. Mas depois viu os frutos, para ele e para as outras pessoas, no hospital onde ficou. Quando saiu, veio para o encontro, viu que os outros tinham feito a parte que lhe cabia na organização. Deu um belo testemunho.

Depois vim a conhecê-lo melhor. Há pouco tempo, indo a Roma, voltei a vê-lo. É conhecido como *Volo*, Vôo, porque, antes de entrar para os Focolares, voava com asa delta.

Aquele testemunho me tocou em cheio. Era exatamente a minha situação. Minha pergunta para Deus era:

— Por que me aconteceu isto? E justamente neste ano?

Estava no décimo-quinto ano de seminário. Eu, aquele menino que sempre sonhou ser padre. Agora, no último ano, vinha aquela doença. Nem sabia mais se iria ou não conseguir me ordenar. Estava no final de uma jornada, estava perto de atingir um sonho e, de repente, tudo tinha ficado nebuloso. Eu me sentia tão perto do topo da colina e, ao mesmo tempo, tão distante de enxergar a vista privilegiada dos que tiveram a coragem de se lançar na escalada.

Nunca tive dúvidas de que a subida seria difícil, complicada. Sabia que o monte era escarpado, mas estava tão perto. Naturalmente tinha fé, sabia que Deus estava comigo, mas não conseguia entender por que tinha de me privar da convivência com meus amigos e de me preparar para o nosso grande dia: a ordenação.

Aquele testemunho acabou sendo uma resposta. Entendi que a pergunta não era por quê, mas para quê, aquela doença.

Naqueles dias, sozinho no quarto, dentro daquele clima propiciado pelo encontro, fiz uma coisa que nunca tinha feito. Não era costume fazer. Peguei um livrinho dos Evangelhos, de capa preta, me recordo muito bem. Continha só os quatro evangelhos. Abri ao acaso. Caiu no capítulo dezesseis de Mateus.

Os meus olhos se fixaram na pergunta de Jesus para os apóstolos:

— *E vós, quem dizeis que eu sou?*

Foi impressionante!

Naquele momento, deu-se meu primeiro encontro pessoal com Jesus!

Estava já no último ano de Teologia, fui sempre um bom seminarista. Claro que eu conhecia Jesus. Mas uma experiência pessoal, que eu nunca tivera antes, aconteceu naquele momento. Só sei que me vi de joelhos no chão, entregando minha vida para Deus. Depois daquele encontro, tudo em minha vida tomou um rumo novo. Criou-se um ânimo renovado dentro de mim. Estava disposto a partir para a luta e atingir a meta.

Fui procurar meu superior, para ver se podia voltar ao seminário. Ele disse que ia ver com os médicos. Se eles concordassem, e eu conseguisse estudar, fizesse os exames de primeiro semestre e passasse, poderia prosseguir e não teria de esperar o próximo ano para refazer os estudos. Poderia me ordenar e, assim, continuar com a minha turma. O problema é que deixei o seminário no início de maio. Tive aulas praticamente só em março e abril. Durante os meses de maio e junho já não tive aulas.

Quando chegou o mês de outubro, voltei corajosamente para o seminário e fui estudar sozinho. Pedi, aos meus colegas do primeiro semestre, as anotações e os livros de todas as matérias. Fui consultar os professores, que me orientaram. E mergulhei no estudo. A dor de cabeça não tinha desaparecido, nem a visão embaralhada. Mas eu estudava e estudava. Foi uma superação que me emociona ainda hoje.

Meu Deus, como sofri naqueles dias! Eram noites intermináveis. Eram anotações que não acabavam mais, e livros para serem lidos e estudados. E eu tinha de buscar forças para superar as minhas barreiras, ir adiante. Quando a dor apertava e a vista já não me possibilitava distinguir aquilo que eu lia, fechava os olhos e me lembrava da linda experiência que tive com Jesus e tentava imaginar minha ordenação.

Era como manter os olhos nos céus, mesmo com os espinhos causando estragos nos pés, ou nos olhos, ou na cabeça. Não importava a dor, importava a missão. E eu estava decidido. Ia passar em todos os exames e seria ordenado, porque esse era o chamado de Deus, e eu tinha dito sim, sem titubear, a esse chamado. A chance estava à minha frente e eu precisava aproveitá-la. A meta estava ali, diante de mim. Eu precisava atingi-la. Era uma oportunidade única. Era vontade de Deus e minha que eu fosse ordenado naquele oito de dezembro. Tudo dependia da graça de Deus. Mas tudo dependia também de mim. Avancei decidido.

Os professores permitiram que meus exames, marcados para meados de novembro, fossem todos orais. Mas essa concessão tinha prós e contras: eles poderiam perguntar o que quisessem e, como eu era o único aluno a prestar exame, fizeram questão de perguntar tudo, para ver se eu estava realmente em dia com a matéria.

Foi uma humilhação para mim. Tirei entre seis e meio e sete e meio. Estava acostumado a tirar nove, nove e meio, dez. Mas, graças a Deus, passei em todas as matérias. No final de novembro, tive a notícia de que poderia me ordenar. Que alegria! Que vitória!

Ao mesmo tempo, estava acontecendo, no seminário, algo fora do comum.

Corria o ano de 1964, a fase mais acalorada do Concílio. Havia esses binômios: *clergyman* ou batina, latim ou vernáculo, celibato ou casamento dos padres. E a idéia de que aquilo fosse persistir era o pavor de muitos professores de teologia. Várias mudanças já haviam sido aprovadas. Na questão da indumentária, o *clergyman* já tinha sido liberado pelo Concílio. Entre vernáculo e latim, o latim já tinha deixado de ser obrigatório. Estavam aprovadas as missas em vernáculo, ou seja, em português e nas outras línguas. A grande interrogação era: seria possível o casamento dos padres?

Estávamos numa situação difícil, e isso é só um exemplo. Havia todas as outras idéias teológicas. Aquele era o tempo do surgimento das pílulas anticoncepcionais, havia mil questões de ordem moral. Também foi o ano duro da revolução no Brasil, a tomada de poder pelos militares, que duraria até 1985. Primeiro, tinha havido a renúncia do presidente Jânio Quadros, em 1961. Jango (João Goulart), que era vice, assumiu a presidência. Depois, houve a queda do Jango, praticamente à força, em 1964, e os militares assumiram o poder.

Criou-se uma idéia de que o comunismo tinha se infiltrado também no nosso seminário. Diante desse clima, dessa possível infiltração, as novas idéias teológicas, a mudança política e tudo mais, os seminaristas falavam muito. Havia muitas idéias, muitas discussões. A gente ia atrás das notícias de jornais, queria saber tudo o que se passava no Concílio e em todo o resto da discussão religiosa e política.

Como é próprio da idade, os jovens falavam muito, e se posicionavam, e queriam demonstrar conhecimento. Não havia nenhuma posição contrária aos valores da Igreja, eram apenas estudantes entusiastas querendo discutir tudo. O seminário fervilhava. E as notícias corriam, nem sempre corretas, verdadeiras, mas corriam. E assim, acabou vindo um superior geral, de Roma, para ter reuniões com os nossos superiores.

A cada reunião que havia, para tristeza de muitos colegas, dois ou três estudantes eram demitidos do seminário. Embora não deixassem de ser salesianos, porque à direção do curso não cabia tomar essa decisão, eram dispensados do seminário. Muitos deles não fizeram exames. Alguns foram dispensados poucos dias antes da ordenação. Entre eles estava um meu colega, de quem já falei, Luiz Marra.

Foi uma revolução no seminário, uma dor imensa. Aguardávamos com ansiedade, para ver quem seria o próximo chamado. A cada nova reunião, a gente já sabia, o convocado era demitido. Depois de um tempo curto com o diretor, com alguns superiores, ele já vinha com a notícia:

— Estou indo embora.

E a saída tinha de ser imediata! A pessoa ia ao dormitório, pegava suas coisas e dizia adeus.

Vivíamos nesse clima. Era a linha de chegada. Anos de seminário, esperando o momento da ordenação. Trabalho, estudo, sofrimento, alegria, convivência, tudo isso fazia parte da nossa trajetória. O que impulsiona um menino a ir ao seminário é a vontade de ser sacerdote. E a ordenação constitui um marco divisório na vida de todos nós. E ali, na ante-sala do momento esperado, muitos tinham de partir sem nem entender o motivo.

Enfim, foi um momento muito doloroso.

Em meio a toda aquela intranqüilidade, eu era o único que, de repente, estava seguro. Nada tinha a ver com toda aquela situação, pois estive afastado por conta da doença. Tendo sido líder dentro do seminário, tenho certeza de que, se tivesse permanecido lá entre maio e outubro, ia ser igualmente envolvido. Eu também pensava muito, falava muito. Meu envolvimento com a música também me dava certa liderança. Então, enquanto estavam todos inseguros, eu vivi a maior segurança. Apenas triste pela situação dos meus amigos. A doença tinha sido a minha salvação. Estando em Lavrinhas durante todo esse tempo, eu de nada tinha participado e isso me resguardava para o momento com que tanto havia sonhado em minha vida. Assim vêm as respostas. Não foi à toa, minha doença.

A nossa ordenação ia ser no dia oito de dezembro. Antes da cerimônia, havia um retiro de uma semana inteira, do dia um ao dia seis. Nesse retiro eu era, da minha turma, o único com a certeza de que seria ordenado. Como os outros estavam inseguros, ficou aquele mal-estar. A notícia do clima chegou até o superior, que esclareceu:

— Nenhum dos que ficaram vai ser demitido. Podem continuar o retiro sossegados, ninguém vai precisar ir embora.

Estava chegando a nossa ordenação sacerdotal. Eu já era diácono desde o começo do ano. Nosso diaconato foi feito numa celebração, à tarde, na catedral da Sé, em São Paulo, sem muito destaque. O cardeal era Dom Carlos Carmelo de Vasconcelos Mota, mas quem me ordenou diácono foi o bispo auxiliar, Dom Antonio Alves de Siqueira.

Na minha ordenação diaconal, houve, na verdade, algo importante. Preparando-me, compus uma canção que hoje está gravada, e foi justamente a inspiração para o meu diaconato. Eu dizia:

— Deixa tuas redes, deixa teu lar,
deixa teus campos, deixa por mim.
Meu operário eu te farei,
irmão e amigo eu te serei!
— Eis-me, Senhor. Tudo deixei
por ti, Senhor!

E depois:

— Senhor, meu amigo,
assim lado a lado,
eu caminho confiante,
onde fores eu vou.
Senhor, não pergunto pra onde me levas,
se Tu queres eu quero, se Tu fores eu vou.

Essa música marcou meu diaconato. E, na minha ordenação diaconal, fiz quase o mesmo pedido que Dom Bosco fez ao Senhor. Ele pediu o dom da palavra. Eu pedi o dom da eficácia da palavra. Pedi, e a resposta de Deus se mostraria com evidência no dia da minha ordenação sacerdotal.

Hoje não tenho como negar: o Senhor atendeu ao meu pedido. Minha vida e o meu ministério de pregação demonstram que Ele me concedeu o dom da eficácia da palavra.

Não é motivo de vaidade. É uma grande responsabilidade que o Senhor me entregou.

CAPÍTULO CINCO

"Eis-me aqui" — ordenação sacerdotal

"Anunciar o Evangelho não é glória para mim; é uma obrigação que se me impõe. Ai de mim, se eu não anunciar o Evangelho! (...) Fiz-me fraco com os fracos, a fim de ganhar os fracos. Fiz-me tudo para todos, a fim de salvar a todos."
(I Coríntios 9, 16-17, 22).

Chegou enfim o grande momento da minha vida. Tudo havia sido preparação, ensaio. Agora era momento de entrar em cena e mostrar que todo o aprendizado tivera sentido. Tanto o aprendizado que veio das aulas, dos livros, como aquele que veio dos sinais. Sinais que me davam provas concretas da real existência de milagres. Estava ali para entregar-me. Uma entrega total, consciente. Uma entrega alimentada por tantas refeições de dores e de certezas, de pobreza e de bonança, de solidão e de acolhimento.

Momentos que hoje são leves, mas que na época, meu Deus, só o Senhor sabe o que passei!

Lembro-me de como tudo começou, no Liceu Coração de Jesus. Era coroinha. Tinha aulas pela manhã e, à tarde, fazia o curso profissionalizante. Isso durante um período que foi de fevereiro a setembro. Quem cuidava dos coroinhas era um senhor chamado José Pinto. Ele quis muito ser salesiano, mas seu irmão, Pedro, tomou a dianteira, apresentou-se e foi. Por causa da família, para cuidar da mãe que já era viúva, José não foi. Mas ficou totalmente dedicado aos salesianos, como se fosse um deles. Trabalhava nas escolas profissionais e era, além disso, o encarregado dos coroinhas no santuário. O grupo era um primor, nunca vi coroinhas tão bem cuidados.

Um dia ele me encontrou no campo de basquete, bem no garrafão. É coisa que não dá para esquecer! Quem chega ao Liceu Coração de Jesus pela portaria de entrada dos carros avista duas quadras. Não é a primeira, é a quadra do lado seguinte, onde ficavam os aprendizes. Então *seu* Zé Pinto, à queima-roupa, ali no garrafão daquela quadra, me perguntou:

— Quando é que você vai se resolver a ir para o seminário?

Eu, no mesmo rompante, disse:

— Como é que o senhor sabe disso?

— As irmãs me contaram tudo.

Tive uma espécie de decepção. Não é que eu escondesse, ou não quisesse mais ir, mas estava certo de que ninguém no Liceu sabia do meu plano de ser padre. De repente, vem aquele senhor, me falar aquilo. Deixei cair o rompante e disse:

— É verdade, quero ser padre.

Conversamos sobre isso e, a partir daí, ele começou a cuidar de mim, orientou minhas participações em mais de um grupo. Além dos coroinhas, na Companhia de São José, eu era também dos Marianinhos, que faziam adoração ao Santíssimo todos os meses, na igreja Santa Ifigênia. De março a agosto, foram muitas atividades. Só diminuí o ritmo em setembro, porque fui, logo no início do mês, para o seminário.

Minha mãe me deixava sair da Cachoeirinha, pegar condução, ir até a igreja de Santa Ifigênia. Devíamos chegar antes das dez, para confessar. Às dez, as portas da igreja eram fechadas, começava a adoração. A gente podia dormir, mas, de hora em hora, alguém ia nos chamar. Vínhamos, fazíamos uma hora de adoração. E assim nos revezávamos a noite inteira.

Na manhã seguinte, às seis horas, assistíamos à missa. As portas da igreja eram abertas. Eu saía de lá que nem um passarinho, ia para casa, tomar café, descansar um pouco. Aquele dia a gente não era obrigado a ir às aulas, porque tinha ido à adoração.

Ocorreu, no entanto, um mal entendido que foi, a princípio, para mim, causa de muito sofrimento e decepção.

Lá pelo mês de julho, agosto, *seu* Zé Pinto chegou para mim e disse:

— Por que você não vai logo para o seminário?

— Por quê?

— É porque há vaga agora. Você podia ir antes.

— Está certo, — eu disse.

Ele me levou ao padre Leonardo Jacuzzi, um excelente diretor. Depois de conversar um pouco comigo, com certeza já informado de tudo, muito rapidamente me disse:

— Os de Minas Gerais não estão mais em Lavrinhas. Voltaram, fizeram um outro seminário menor em Minas, o Aspirantado. Então, há muitas vagas em Lavrinhas. Você poderia ir logo, já no próximo mês...

Tudo estava acontecendo muito rápido.

O chefe dos coroinhas me passou uma lista:

— Leve este papel para casa. É o enxoval de que você precisa, para os seus pais começarem a preparar. Mês que vem, você vai para o seminário.

Apresentei o papel para minha mãe. Ela já sabia da minha conversa lá no colégio. Leu toda a lista, fez uma pausa e disse:

— Mas, meu filho, olhe aqui o que estão pedindo...

Era tudo coisa mínima: três lençóis, três fronhas, algumas poucas camisas, calças, um pouco de tudo. Não era grande coisa, mas para nós era muito. O último item relacionado era: dois sacos de roupa usada. Minha mãe continuou:

— Meu filho, para conseguir o que está aqui já vai ser muito difícil. Agora, dois sacos de roupa usada? Juntando toda sua roupa com a do seu irmão, não dá um saco. Mas deixe seu pai chegar que a gente conversa.

Meu pai chegou, fomos jantar. Depois da refeição, minha mãe disse:

— Agora vou conversar com seu pai, você e seu irmão vão lá para o quarto.

Fomos. Os dois ficaram conversando por muito tempo. Então, me chamaram. Meu pai pigarreou, coitado, tentou falar, não conseguiu.

Minha mãe tomou a iniciativa:

— Olhe, meu filho, a conversa foi aquela que nós já tivemos. Teríamos muito gosto de que você fosse para o seminário, vimos seu jeito, sua vida, seu sonho. Você é ainda uma criança. Mas o que estão pedindo aqui... não dá. É aquilo que falei para você: essa roupa nova já vai ser muito difícil, imagine agora dois sacos de roupa usada... — E repetiu: — Juntando toda sua roupa e a do seu irmão, não dá nem um saco. Diga para o homem que não dá pra você ir para o seminário.

Eu sabia que minha mãe estava falando a verdade. Sabia também que os dois eram muito determinados, que fariam qualquer coisa que estivesse ao alcance deles para que eu pudesse ir ao seminário. Realmente, se a conversa era aquela, era para que eu desistisse. Não havia o que fazer. Foi um choque. Fiquei assim, parado, sem ação. Depois disse:

— Bênção, pai; bênção, mãe.

Fui para o quarto, chorei a noite inteira. Para mim, era o fim da história, porque não tinha a roupa necessária. Eu era menino, menino de tudo, só tinha doze anos, mas era uma queda muito grande. Passei a noite como se estivesse vendo um filme impossível de acontecer. Tudo o que eu sonhara até aquele dia tinha sido em vão. Dor de criança é dor doída demais. Pega no fundo da alma e faz um buraco que parece que nunca voltará a ser preenchido. É como paixão. Era minha primeira paixão, minha única paixão, que estava indo embora. E eu não tinha como convencê-la a ficar e a me fazer companhia. Não dormi a noite toda. Fiquei esperando passarem as horas. Acho que cochilei um pouco pela manhã. Mas, às cinco e quinze, estava me levantando e indo para o colégio. A vida tinha de seguir o seu rumo.

E agora começava um outro problema. Comecei a fugir do *seu* Zé Pinto. Não queria me encontrar com ele e dizer que a resposta tinha sido negativa. Passaram-se uns dias. Mas não consegui fugir por muito tempo. Uma hora ele me alcançou, de novo no garrafão do campo de basquete. No mesmo lugar onde havíamos conversado sobre minha vocação. Todo alegre, ele disse:

— Como é? Falou com seu pai, com sua mãe?

Fiquei assim, amarrado. Depois, já com lágrimas nos olhos, soltei a explicação:

— Falei, sim. Eles se entusiasmaram com a idéia, aprovaram. Mas o senhor precisa saber de uma coisa: somos muito pobres. Meu pai trabalha com dificuldade para nos sustentar, e minha mãe faz o que pode, também. Eles leram a lista do enxoval que é preciso levar para o seminário. As coisas novas, apesar de nossa dificuldade, acho que conseguiríamos arrumar. Mas os dois sacos de roupa usada, isso é impossível. Não temos roupa para um saco. E nem dinheiro para comprar roupa usada bastante para encher dois sacos. Me desculpe, não é por falta de vontade, não é por falta de sonho. Acho que eu faria qualquer coisa, mas isso está fora do nosso alcance.

Disse isso tudo chorando. Chorando de tristeza, de vergonha. Nunca reclamei de ser pobre, mas agora era um problema. E, para minha surpresa, ele começou a rir na minha cara. Ria tanto que até se abaixava para rir melhor. Eu, pensando: "Esse homem ainda tem coragem de rir? Eu aqui, com tudo destruído, e ele rindo da minha cara?" Segurei o choro e fui mudando a expressão. Estava ficando furioso diante de tanta insensibilidade.

Mas ele, quando conseguiu segurar o riso, disse:

— Não, não é nada disso. É que, na sua casa, quando você suja uma roupa, sua mãe já põe para lavar. No seminário, não é assim. Tudo vai para a lavadeira no final de semana. Então, é preciso ter dois sacos para pôr a roupa suja. Só que, para não dizer roupa suja, que é feio, a gente escreve roupa usada. É a roupa que você já usou que vai para o saco, no pé da cama. Quando chega o fim de semana, você fecha a boca do saco e manda para a lavadeira. Aí, você precisa ter um outro saco para pôr no pé da cama, enquanto o primeiro está com a lavadeira.

E ele ria mais ainda. Até eu comecei a rir.

O que era nebuloso se tornou claro. A dor deu lugar a uma alegria que eu não conseguia conter. Devolveram o pirulito da criança, o sonho não tinha morrido. Como é a vida! Até então, eu andava triste pela escola, me escondia de vergonha do *seu* Zé Pinto. Choramingava pelos cantos, sem que ninguém percebesse. E, agora, ia para minha casa como senhor da minha história, cheio de vida, de força, de energia. Era uma outra pessoa!

Rindo, cheguei e contei a novidade para minha mãe, que também riu. Chegou meu pai, também foi informado. Foi mais risada. E a história dos tais dois sacos de roupa acabou divertindo a todos nós. Foi nessa alegre simplicidade que tantos acontecimentos nos fizeram mais unidos, mais amorosos. Às vezes, parece que o sonho acabou, mas um lampejo de esperança vem e mostra o quanto ainda nos falta entender de vida e de milagres. Meu sonho não poderia acabar por causa de dois sacos de roupa.

Era o momento de fazer a mala. Percebi a beleza de ver todo mundo ajudando. Os meus parentes, as pessoas do bairro. Não faz muito tempo, encontrei uma senhora lá da Cachoeirinha que esteve na Canção Nova. Ela me disse:

— Lembra-se que dei para você um par de meias e um sabonete?

— Lembro-me, sim.

Na verdade, não me lembro de ela ter me dado isso, mas me recordo de que muitas pessoas me ajudaram. E era tudo gente pobre, ofereciam um lenço, um par de meias, um sabonete. Pequenos presentes que, naquele dia três de setembro, levei para Lavrinhas.

Ninguém sabia, no meu colégio, que eu ia para o seminário, mesmo porque era fora de época. *Seu* Zé Pinto, muito cuidadoso, tinha me dito:

— Não conte para ninguém. Enquanto a pessoa não conta, tudo bem. Mas quando ela conta, não vai faltar bombeiro para jogar água na fogueira, para desanimar você. Então, o melhor é você ficar quietinho.

E eu fiquei.

No dia dois, uma sexta-feira, primeira sexta-feira do mês, antes de subirmos pela última vez para as oficinas, o nosso assistente, o seminarista que cuidava de nós, informou a todos os meus colegas:

— Na semana que vem, a partir de segunda-feira, o Jonas não virá mais. Está indo para o seminário.

Primeiro o pessoal ficou admirado, depois todo mundo bateu palmas. Subimos para as oficinas, tocamos nossas tarefas de todo dia, e eu tive permissão para sair um pouco antes, já que era a última vez.

Quando cheguei em casa, minha mãe estava com a mala quase pronta. Colocava as últimas peças. Virou para mim e disse:

— Jonas, você é um filho tão bom... Estive pensando: você podia ficar em casa. Podia continuar a estudar, se formar, ajudar seu pai, namorar, casar, dar netos pra nós... Ter uma vida normal, em vez de ir para o seminário.

Eu, garotinho daquele jeito, com doze anos, disse:

— Mãe, para ser um bom filho, preciso me casar e ter filhos? Não posso ser um bom filho indo para o seminário?

Minha mãe não disse mais palavra. Nem sei de onde fui tirar essa resposta.

Na manhã seguinte, ela fez a última chantagem. Era preciso acordar muito cedo. O trem saía entre cinco e cinco e meia da manhã, precisávamos sair de casa de madrugada. Papai tinha um amigo, dono de um táxi. Estava lá, logo cedinho, para pegar a gente. Já vestido, fui fazer a última coisa: despedir-me da minha irmã Maria. Não tinha nem um ano. Ia fazer aniversário em novembro, e eu saía em setembro. Fui me despedir dela no berço. Claro que não agüentei, e comecei a chorar. Quando saí do quarto e fui para a sala, minha mãe viu minhas lágrimas. Disse:

— Estou vendo que você está chorando. Você não precisa ir, não faz mal. Digo já para o seu pai trazer a mala para cima.

Nem olhei para trás. Como já tinha me despedido dela, desci a escada pisando duro. Tinha medo, olhando para trás, de fraquejar e ficar. Não que eu não quisesse mais ser padre, mas nossa vida familiar foi toda muito especial. E eu tinha um lindo amor por eles.

E, agora, minha ordenação estava prestes a acontecer. O tempo passa mais rapidamente do que costumamos imaginar. Eu estava para me tornar sacerdote, e depois de muito sacrifício.

Apenas no finalzinho de novembro, fiquei sabendo que passara nos exames e que ia mesmo me ordenar. Tudo foi feito na última hora: a impressão dos convites, dos santinhos. Só deu tempo porque aproveitei as providências dos meus colegas que também seriam ordenados.

Como até ali não tinha certeza total de que ia me ordenar, não fui atrás dos paramentos. Mas meu tio Santos fez questão de me presentear com eles. Foi à Penitenciária Feminina, no bairro do Carandiru, onde havia freiras que cuidavam das detentas e as ensinavam a fazer uns paramentos lindíssimos. Os meus foram mesmo muito lindos. Já no estilo do Concílio, estilo gótico.

Minha mãe que, chorosa, me havia pedido para ficar em casa, naquele já distante momento de partida para o seminário, agora estava ali, comigo. Foi ela quem mais me ajudou a ficar preparado e pronto para a ordenação.

Os salesianos tinham, também no curso de Teologia, a quinta-feira livre. Eu saía do Instituto Teológico, na Lapa, assim que era possível, e ia para casa. Ia, simplesmente, para ficar em casa. E minha mãe também não fazia de propósito, mas me dava lições de verdadeira sabedoria. Com todo respeito, não foi outra coisa, não podia haver melhor preparação do que as conversas que ela teve comigo. Não é que combinássemos. Eu ia para casa, ficávamos conversando. Ela não parava. Foi assim a vida inteira, do tanque para o fogão, do fogão para arrumar a casa, era o costume. Eu atrás dela, conversando. Depois, ela preparava a mesa, servia um lanche, para que eu comesse antes de voltar ao Instituto.

Nesse ínterim, nossas conversas. Não se tratava de conselhos, eram histórias de vida que ela me contava, eram "acontecências" daqui e dali e, no meio daquelas narrativas, havia tanta sabedoria! Acho que ela nem se dava conta. Era uma mulher de muita fibra. Sofreu muito, mas o sofrimento não lhe tirou a ternura.

Durante minha enfermidade, naquele tempo que passei em Lavrinhas, numa vez em que estive em casa, meu pai me chamou ao quarto. As coisas sérias se resolviam no quarto. Sentamos ali, na cama de casal, e ele me disse:

— Olhe, meu filho, queria muito lhe dar o cálice de ordenação. Mas fui saber o preço do cálice, fiz os cálculos, e vi que não vai dar, não vou ter condições.

— Papai, não se incomode. Vou ser padre salesiano, estarei sempre nos colégios salesianos. Qualquer lugar para onde eu for, vai ter cálice em abundância. Não preciso de um cálice meu.

— Sei que não. Mas eu é que teria gosto...

— Sei, papai, que seria gosto seu. Mas, por mim, não se importe.

Nós nos abraçamos, depois não falamos mais nisso.

Naqueles dias, antes da ordenação, na corrida para preparar todas as coisas, estive em casa. Meu pai me chamou:

— Venha cá.

Fui. Sentei, outra vez, na cama do quarto dele. Papai foi até o guarda-roupa e pegou, literalmente embrulhado em papel de saco de cimento, ainda com aquele pozinho de cimento, um maço de dinheiro. Eram todas notinhas pequenas. Meu pai pegou aquele dinheiro e disse:

— Está aqui. Até deixei as próprias notas que fui juntando desde aquele dia em que falei com você. É que tive outra idéia: resolvi fazer hora extra e juntar o dinheiro. Está aqui o dinheiro da hora extra para o seu cálice. Vá e compre você mesmo, compre do seu gosto.

Imagine o que se passou comigo, meu sentimento, minha emoção. Até hoje, quando me lembro desse episódio, meus olhos se enchem de lágrimas. Aquilo foi um símbolo maravilhoso. Levei comigo aquele bolo de dinheiro. Pena que tive de trocar. Se pudesse ter ficado com ele... Era possível passar o dedo nas notas e sentir. Tinha aquele pozinho de cimento, de cal, de massa, que papai trazia no bolso da roupa de serviço. Minha mãe não sabia de nada. Ele ia guardando lá no fundo do guarda-roupa, na parte dele. Assim, foi juntando notinhas e notinhas.

Papai nem reparou, mas eu via naquilo todo o trabalho dele, durante tanto tempo. Anos de Brasília, a construção do Palácio da Alvorada, a construção da sala de cirurgia cardíaca. Tudo resumido naquele bolinho de dinheiro, embrulhado naquele papel. Fui, comprei o cálice e não tive dúvida. Mandei gravar a seguinte inscrição: *Jonas, queremos estar presentes em todas as suas missas*. E o nome deles: *Sérgio e Josefa*. E a data da minha ordenação.

O retiro chegou ao fim. Era a véspera da ordenação. Durante os três anos em que vi meus colegas naquela expectativa, pude observar uma coisa: quando chegava o dia anterior à cerimônia, coitados, ficavam numa dispersão só. A data era festiva, bonita. Os parentes vinham. Reuníamos, na Teologia, rapazes do Brasil inteiro, porque só tínhamos aquele curso em São Paulo. Havia gente das missões do Amazonas, do Pará, e gente de todo o Nordeste. E do Brasil central. Do Rio de Janeiro, Minas Gerais e São Paulo. E do Sul. Éramos cerca de cem rapazes, nos quatro anos de Teologia, distribuídos em turmas grandes, de vinte e cinco a trinta alunos. Com os cortes que aconteceram naquele ano, só dezessete chegaram a ser ordenados.

Eu havia sido testemunha da aflição que, no último dia, tomava conta dos meus colegas, indo atrás de atender os parentes, saindo e chegando, arrumando onde hospedar as pessoas, porque sempre aparecia gente além do previsto. E disse comigo: "Não, não vou querer isso de jeito nenhum, vou fazer um dia de retiro antes da minha ordenação". Fiquei firme nesse propósito, ano após ano. Só não imaginava tudo o que aconteceria ao chegar a minha vez. Então, depois dessa doença, depois da certeza de minha ordenação, quis muito mais ainda fazer, na véspera, um dia de retiro.

Ia ser assim: dia sete, retiro; dia oito, ordenação. E dia nove, minha primeira missa. Seria vespertina, estavam começando as missas vespertinas. Dia nove era um dia de semana, a celebração ia ser na paróquia, claro que tinha que ser à noite, senão o povo não podia participar. Então, até a hora marcada, eu podia fazer mais um dia de retiro. Combinei com os meus pais, com os meus parentes:

— Dia sete e dia nove, não estou para nada, sairei em retiro.

Todos aceitaram.

De fato, passei todo o dia sete em retiro, em oração. Foi muito bom. No final do dia, até já estava cansado. A dor de cabeça e a vista turvada continuavam. Lembro que fui lavar minhas meias para descansar a cabeça.

Lá pelas seis ou sete da noite, era verão, ainda estava claro, meu pai e minha mãe chegaram à portaria. Tinham vindo trazer meus paramentos. Avisaram que um ainda estava sendo bordado, ia chegar mais tarde, mas também seria entregue. Foi nesse momento que vi, pela primeira vez, meus lindíssimos paramentos. Sentei com papai e mamãe na portaria, conversamos um pouco.

De repente, meu pai, muito decidido, levantou:

— Meu filho, até logo!

E eu, espantado:

— Mas o que é isso, pai? Amanhã é a ordenação, o senhor chega e já vai indo embora...

— Você não pediu para fazer um dia de retiro? Desculpe termos vindo. É que não pudemos entregar os paramentos antes. Só viemos para isso. E para pedir que Deus o abençoe.

Só isso já fez valer a pena. Minha mãe sorriu e disse:

— Você tinha razão. Pode ser um bom filho sem namorar, casar, sem nos dar netos. Estamos muito satisfeitos por você ser padre.

Meu pai riu e lembrou:

— E os dois sacos de roupa usada?

Rimos, choramos, e nos despedimos.

Não sei se o que me marcou mais foi a hora da ordenação, lindíssima, ou aquele momento, em que tudo se refez na cabeça da gente. Os meus dois anos, a cirurgia dos olhos, meu pai pagando a cirurgia ao meu avô, a história inteirinha, a minha doença, e agora eu ia me ordenar.

Como precisava esperar a entrega do último paramento, meus colegas todos foram para o dormitório, e fiquei sozinho, ali nos pórticos do nosso Instituto Pio XI, esperando. E tudo isso passou pela minha cabeça, e muito mais pelo meu coração. Foi como rever a história da minha vida. Até que, lá pelas dez e tanto da noite, chegou o último paramento. Tomei um copo de água com açúcar, com medo de não conseguir dormir. Mas dormi.

Éramos dezessete. Ordenação de tantos não é fácil. Os gestos do ritual têm de ser repetidos para cada um. Nossos superiores disseram:

— Não queremos ver vocês zanzando no presbitério, que já vai ser apertado. Vamos ensaiar toda a cerimônia. O mais importante é isso: vocês vão receber um lugar e, pra ninguém ficar dando trombada um no outro, cada um vai manter esse lugar até o fim. A ordem será a da chamada de vocês.

Então, antes dos ensaios, um deles fez a chamada. Eu era Jonas, estava lá na metade da turma, terceira ou quarta fileira, já sabia meu lugar. A cerimônia foi na igreja de Nossa Senhora Auxiliadora, bem próxima à Praça da Luz, no Bom Retiro. Na hora da chamada para a ordenação, quando o oficiante disse: "apresentem-se os que vão ser ordenados na ordem dos presbíteros", o primeiro nome a ser chamado foi Jonas Abib. Olhei para meu superior e fiquei parado. Devia ter respondido em latim "*adssum*", que quer dizer, "eis-me aqui". Mas não disse nada, porque eu não era o primeiro. Ele então repetiu:

— Jonas Abib!

Acho que pensou que eu estava inseguro, que estava em dúvida se ia responder sim ou não. Olhei para ele e vi o sinal que ele fez com a cabeça. Era eu mesmo. Respondi:

— *Adssum!*

Caminhei lentamente e fui até o primeiro lugar. A partir daí, toda a chamada dele foi embaralhada. Não sei se as folhas se misturaram, se a mudança ocorreu quando datilografaram a lista. Não sei o que aconteceu. Só posso ver o dedo de Deus nisso, porque dali em diante eu era o primeiro. Em todos os gestos, feitos para cada um, eu era o primeiro, sempre o primeiro.

Durante a ordenação, começou a acontecer algo dentro de mim, uma dúvida: "Por que sou o primeiro?" Eu ouvia uma voz martelando na minha cabeça, no meu coração: "Foste constituído o primeiro entre os teus colegas." Mas isso, para mim, era inaceitável. E a voz insistia: "Não viste tua doença? Foste o único com a certeza da ordenação. És o primeiro a ser ordenado entre os teus colegas." Mas eu resistia. E a ordenação correndo.

Desde a véspera, eu já sabia como eram meus paramentos. Reparando nos do bispo, achei que eram iguaizinhos aos meus. Mas os meus estavam com a minha mãe. Ela, no momento certo, entraria com eles. Já depois de ordenado, quando vesti os paramentos, não tive mais dúvida: eram idênticos aos do bispo. Depois houve quem perguntasse se eu era parente dele, se o bispo era meu tio.

O bispo ordenante foi o salesiano Dom Antônio Barbosa que, nesse tempo, era arcebispo de Campo Grande. Tinha sido inspetor salesiano, por isso nós o escolhemos para nossa ordenação. Após a cerimônia, saímos e tiramos uma foto na frente da igreja. Como eu era o primeiro, fiquei ao lado do bispo. Até hoje é possível ver que os paramentos dele são idênticos aos meus.

Os meus padrinhos de ordenação foram tio Santos e tia Irene. Desde o presépio, a árvore de Natal, tínhamos essa ligação. Foram eles, como já disse, que me deram os paramentos, feitos pelas irmãs e as detentas do Carandiru.

Os acontecimentos, depois, foram demonstrando como Deus me escolheu. Não mais do que os outros, mas o primeiro, na frente deles, para os outros. Um privilégio, uma escolha especial. Faz parte da cerimônia o momento em que o bispo unge a mão do ordenado com óleo e amarra com um lenço. Significa que, a partir daquele momento, estamos presos pela unção que recebemos nas mãos. São os pais que desamarram o lenço e depois nos lavam as mãos. Ao fim disso, minha mãe me abraçou. Vi que estava chorando. Perguntei por quê.

— Não é de tristeza, é de alegria. Mas, ao mesmo tempo, choro porque sei que você vai sofrer muito. Começar a ser padre é começar a sofrer ainda mais. É verdade que a escolha foi sua. Então, que Deus o abençoe.

Nem lembrei, naquela hora, mas foi quase a mesma frase que Margarida, mãe de dom Bosco, lhe disse:

— Meu filho começou a dizer missa — era a expressão usada na época —, começar a dizer missa é começar a sofrer, mas foi você que escolheu. Que Deus o abençoe!

Minha mãe não sabia disso, e disse quase a mesma frase. Estava evidente que era Dom Bosco me protegendo, me guardando e colocando a mesma inspiração nos lábios de minha mãe.

José Carlos, meu irmão, já moço; Maria, também moça; Márcia, um pouco mais nova; Marta, meninona, e a Maria José, menina ainda, choraram a ordenação inteira. Evitávamos cruzar os olhares, para não provocar mais lágrimas ainda um no outro. Aquilo, para nossa família, era grande demais. Era alcançar um impossível. Mais um milagre. Mas, acabada a ordenação, cada um foi para seu canto. Minha família, como não tinha posses, não podia pensar em carro nem nada. Todos se despediram:

— A gente se encontra em casa.

E voltaram de ônibus.

Meu pai foi tentar um táxi para minha mãe, ele e eu. Era uma novidade podermos ir de táxi. Mas, pela hora de almoço — num oito de dezembro, naquele tempo dia santo —, táxi estava difícil. Lembro que andamos até um ponto próximo à Estação da Luz, para conseguir um. Os motoristas, quando sabiam que estávamos indo para a Cachoeirinha, recusavam a corrida. Diziam:

— Não, estou indo para o almoço.

Mas acabamos conseguindo um carro. Fomos para casa, para um almoço simples. Claro, fizeram o melhor que puderam. Passamos a tarde conversando. Só no final da tarde é que haveria, no Instituto, a reunião de todos os que foram ordenados e a celebração das vésperas solenes.

Fiz, então, a trajetória inversa. Ônibus na Cachoeirinha, até a Barra Funda. Só que desta vez não ia pegar o trem, ia pegar outro ônibus para a Lapa. Subi a pé, da Barra Funda até Perdizes. Peguei, na frente da igreja de São Geraldo, ônibus para o Alto da Lapa. Cheguei para as vésperas; depois, o jantar e um momento festivo de convivência. Pretendia, no dia seguinte, eu, que já era padre, fazer meu segundo dia de retiro, para viver todas as emoções da minha ordenação.

De manhã, quando descia do dormitório, encontrei na escada meu colega Humberto, um nordestino, de excelente oratória. Vi que ele estava com os olhos inchados, com olheiras, semblante desfalecido. Já veio me abraçando e pedindo:

— Por amor de Deus, você vai fazer o discurso da nossa ordenação.

— Não, Humberto, o escolhido foi você. Fiquei fora do seminário muito tempo. A turma escolheu você.

Ele era, realmente, um ótimo orador. Ainda é. Tinha a "veia" da oratória e um português muito bom. Mesmo que eu tivesse permanecido no seminário, eles não me escolheriam, pois o Humberto era muito melhor. Está no Nordeste, ainda. Ficou muitos anos na terra do padre Cícero. Foi pároco na paróquia que o padrinho Cícero entregou aos cuidados dos salesianos. Então, era ele quem devia fazer o discurso.

— Que aconteceu com você, Humberto? — perguntei.

— Olhe, fui orgulhoso, não escrevi o discurso. Só recolhi umas idéias. Queria viver as emoções da ordenação, depois faria o discurso de improviso, sem escrever, sem ler.

— Mas o que aconteceu?

— Minha família mora no Nordeste. Não poderiam vir todos, mas eu contava com alguns, pelo menos. Minha mãe, algum irmão. Preparei tudo pra recebê-los. Chegou na véspera, não veio ninguém. Tentei telefonar, nada. De noite, nenhuma notícia. Eu ainda imaginava que, no dia da ordenação, alguém apareceria. Talvez estivessem hospedados na casa de algum conhecido, sem conseguir entrar em contato. Depois da cerimônia, verifiquei que ninguém veio, nem minha mãe. Caí numa prostração. Se eu for fazer o discurso em cima das minhas emoções, que vou dizer? Veja só o meu estado.

Nisso, desceram nossos colegas, todos mais ou menos à mesma hora. O pessoal assumiu o pedido dele:

— Não, Jonas. Você vai ter que fazer o discurso, vai ter que fazer!

— Vocês me ajudam?

— Não tem como! Podemos ajudar batendo à máquina. Mas tem que ser você para fazer.

E lá fui eu. Abri mão do meu dia de retiro. Se, na Filosofia, o discurso de formatura era importante, na Teologia era dez vezes mais. Já estávamos ordenados, não éramos mais seminaristas, éramos padres. Naquele discurso, de certa maneira, fazíamos a resenha dos quatro anos de Teologia. Era preciso uma certa perícia para falar dos pontos positivos e negativos da nossa preparação. Dar uma espécie de resposta aos superiores. Nossa turma tinha passado por situações complicadas. Inclusive aquela saída de grande parte dos seminaristas. Não seria fácil falar disso, e meus colegas contavam comigo.

Comecei. Escrevia uma parte, dava uma revisada, entregava aos colegas para datilografar. E continuava. Acabei no final da tarde, quase na hora das vésperas. Terminadas as vésperas, ia ser o jantar. Depois da sobremesa, era o discurso. A palavra do superior era o encerramento. Em seguida, eu ainda ia para minha primeira missa, lá no Bairro do Limão. Por causa de tudo isso, eu é que acabei fazendo o discurso.

Posso afirmar que Deus atendeu, de fato, o pedido que eu, à semelhança de Dom Bosco, lhe havia feito: o dom da eficácia da palavra. Portanto, se era dom, não era meu; foi dado a mim. Era preciso, já no primeiro dia, colocá-lo em prática. Não para mim, mas para os outros.

E isso também ficou evidente no meu lema sacerdotal. Eu não sabia que era o mesmo lema de São Francisco de Sales, mas aquilo estava na minha memória, e acabei escolhendo na última hora: *fiz-me tudo para todos...* Está no capítulo nove da *Primeira Carta aos Coríntios*. São Paulo começa dizendo "*Ai de mim, se eu não anunciar o Evangelho*" e termina "*fiz-me tudo para todos*". Tirei daí e escrevi no meu santinho de ordenação: *Jonas, sacerdote do Senhor, feito tudo para todos.*

Como tinha escolhido aquele lema, precisei colocá-lo em prática já no dia seguinte, atendendo ao pedido do meu colega. Não sou eu que mando, já que fui feito tudo para todos. Aí, já estava delineada a minha missão. Meu modo de vida. Feito tudo para todos.

À noite, fui à paróquia onde havia sido coroinha, celebrar minha primeira missa.

No meu tempo de coroinha, a igreja ainda estava em construção. Claro que eu era, como todo garoto nessa idade, peralta mesmo. Naquele tempo acontecia, todas as noites, lá pelas sete, aquilo que chamávamos reza. Tocava o sino da igreja velha e as pessoas vinham para o terço, para a ladainha. Depois, havia a bênção do Santíssimo. Até a hora da reza, ficávamos correndo nos andaimes da igreja em construção. A igreja subindo, e nós, brincando de pique. Imagine só o risco que corríamos. Escurecia, e nós lá, subindo e descendo aquelas escadas de pedreiro, ao redor da igreja. A construção demorou porque dependia só do dinheiro das quermesses. Levou mais tempo, ainda, terminar o acabamento, mas a nossa igreja foi concluída ainda antes da minha ordenação.

Celebrei minha primeira missa já na igreja nova. Foi uma emoção só. Os coroinhas do Liceu Coração de Jesus ajudaram, os coroinhas do *seu* Zé Pinto. O Bairro do Limão, naquele tempo, parecia uma cidade do interior. Hoje é um bairro populoso. Mas, na época, era só atravessar o rio e aquilo já não era a cidade grande.

Foi muito emocionante. A banda de música na frente da igreja, esperando o padre novo e tocando músicas bem típicas. Eu vinha da casa do padre Vitorino, pároco desde os meus tempos de infância, que estava muito contente. Eu, a bem dizer, fui o primeiro padre que saiu ali da paróquia. E foi uma missa solene; as irmãs que me educaram no Colégio padre Moye cantaram nela. Minha primeira missa foi cantada, e em latim, ainda. Vi que, de fato, na minha vida, entre a Teologia e a minha ordenação, deu-se a passagem do velho para o novo, do antigo para o moderno. Eu vivi toda a transição. Tudo aquilo deixou em mim marcas indeléveis.

Ao final da celebração, o padre novo abençoava os fiéis. Além de dar a bênção geral, se ele quisesse, impunha as mãos sobre cada pessoa. E eu fiz questão de fazê-lo. A eucaristia, naquele tempo, era dada na mesa de comunhão. A ela vieram os meus pais, os meus parentes, as outras pessoas. Ao fim da missa, fui passando e impondo as mãos sobre cada um deles. Foi grande a emoção de dar aquela bênção pessoal a meu pai, a minha mãe, a cada um dos meus parentes.

Também pelo seguinte: estivemos juntos no dia oito, a ordenação; no dia nove, nem nos encontramos. Meus pais acreditavam que eu estava em retiro. E estava, mas em outra espécie de retiro. Estava servindo. Estava sendo tudo para todos. Só tornei a encontrá-los na hora da primeira missa. Por isso senti toda aquela emoção: de haver celebrado a missa, de lhes ter dado a eucaristia. E, ainda, impor as mãos: a primeira bênção sobre minha mãe, meu pai, meus irmãos, tios, parentes etc.

Depois, fomos para o salão de cinema, que era a antiga igreja, para a festa, com homenagem, discurso. Foi tudo muito bonito. Mas o mais lindo foi isso: apenas quinze, vinte dias depois da ordenação percebi que a dor de cabeça e o embaralhado da vista tinham ido embora. Eu lia perfeitamente. Depois da minha ordenação, minha doença foi embora como veio. Não posso deixar de dizer: vi mais um milagre na minha vida. Ele foi decorrência da minha ordenação.

Após minha primeira missa, não me lembro se foi no dia seguinte, fui celebrar uma missa no Colégio Padre Moye. No primeiro final de semana, fui a Elias Fausto, celebrar minha primeira missa no local em que nasci. Depois, fui a São Pedro, também para rezar uma primeira missa onde cresceu meu pai e onde viveram meus parentes. Fiz essas viagens todas celebrando o dom que Deus me havia dado gratuitamente. Eu era agora um sacerdote do Senhor e tinha de levar a sua palavra a todos os povos. Sabia que, se a jornada havia sido dura até o momento da ordenação, seria agora duríssima. Quem ouve, acolhe e cumpre a palavra de Deus sabe que não se trata de simples honra. É heroísmo, é entrega, é paixão.

Tinha, então, vinte e sete anos. Logo depois, completaria vinte e oito. Eu me ordenei no dia oito de dezembro e fazia aniversário no dia vinte e um. Era um jovem absolutamente entregue a essa nova etapa da vida. Moravam em mim emoções de todos os tipos. Só não morava a acomodação. Eu era um inquieto, cheio de um ardente desejo de colocar em prática tudo o que tinha vivido e aprendido. Era apenas o começo; quanta coisa ainda estava por vir!

CAPÍTULO SEIS

Encontros de vida — o trabalho com os jovens

"Jesus veio e pôs-se no meio deles. Disse-lhes: 'A paz esteja convosco!' Dito isso, mostrou-lhes as mãos e o lado. Os discípulos alegraram-se ao ver o Senhor. Disse-lhes outra vez: 'A paz esteja convosco! Como o Pai me enviou, assim também enviou a vós.'"

(João 20, 19b-20).

Como já disse, no ano em que estive doente em Lorena, tive meu primeiro encontro pessoal com Jesus. Aquilo fez brotar em mim um desejo enorme de passar isso para os outros. Por isso comecei a perceber que era um padre com algo de diferente dos meus colegas. Tinha meu jeito de pregar, de tratar as pessoas. Estava sendo diferente, não por querer, mas porque era essa a graça que havia recebido. Era conseqüência do meu encontro pessoal com Jesus. Isso se tornou ainda mais evidente quando me transferiram de Pindamonhangaba para o Liceu Coração de Jesus.

Fui ser padre pela primeira vez num grande colégio, o mesmo colégio onde comecei como menino. Foi até um susto, para mim. Fazia todo meu trabalho de padre, cuidava dos meus alunos, dava aulas. Era responsável pelos alunos externos, junto com o padre André Butti. E também era catequista. Era como um diretor espiritual, entre os salesianos; por isso cuidava mais da parte espiritual, entre os alunos.

Mas, dentro de mim, havia algo muito forte, que era fazer com que os jovens também tivessem aquele encontro pessoal que eu tive. Tinha isso muito claro em minha vida. Queria levá-los a essa experiência. Sabia que eles seriam novas pessoas se tivessem esse encontro. Então, por causa disso, fazia coisas novas e de maneira bem diferente.

Na festa de Maria Auxiliadora daquele ano, era comecinho do meu tempo no Liceu. Sérgio Monelo, que ainda hoje é contador, advogado e financista dos salesianos, era um dos jovens que freqüentavam a paróquia e o Liceu. Morava ali pertinho. No final da procissão de Nossa Senhora Auxiliadora, ele veio muito determinado, pois via o meu jeito diferente de ser e fazer as coisas, e me disse:

— Olhe, temos um grupo de jovens, de marianos jovens. Fazemos reuniões semanais, todo sábado à tarde.

Somos fiéis às nossas reuniões, mas não há ninguém que nos oriente. O senhor não quer cuidar de nós?

Meu trabalho já tomava todo o meu tempo e as minhas energias. Mas ele insistiu e, ao mesmo tempo, alguma coisa dentro de mim dizia: "Aí está a chance de fazer com que esses jovens tenham o encontro que você teve". Aceitei. Acho que foi Nossa Senhora Auxiliadora quem intercedeu e abençoou aquele momento.

Comecei a fazer, com eles, reuniões completamente diferentes de todas que aconteciam naquele tempo. Pegava aquele meu livrinho de capa preta, que só tinha os quatro evangelhos. Escolhia um trecho com eles, o de domingo ou outro. Líamos. Passava de mão em mão, para que todos lessem. Depois, eu comentava. Eles também faziam comentários, discutiam como viver a passagem escolhida durante a semana. Rezávamos em torno daquilo.

Nas semanas seguintes, voltávamos, fazíamos a mesma coisa. Sempre testemunhávamos como havíamos vivido o trecho do evangelho da semana anterior. Esse grupo de marianos foi o gerador dos nossos grupos de jovens. Foram eles que me inspiraram a fazer uma missa especial para a juventude, rapazes e moças, que naquele tempo ainda não havia. Começamos a fazer a "missa dos jovens" no Liceu Coração de Jesus e lembro que, sem um saber do outro, um padre na célebre igreja da Consolação, muito conhecida, começou também a fazer uma missa para os jovens.

O Santuário do Coração de Jesus foi sempre uma igreja equilibrada, de um tradicionalismo saudável. A missa para jovens, às onze horas da manhã de domingo, começou a provocar uma espécie de resistência, entre muitos freqüentadores da paróquia. Para os próprios salesianos, no colégio, havia uma interrogação: o que é isso, o que não é? Violões? Aquelas músicas? Será que isso vai fazer com que consigamos atrair mais pessoas ou vamos assustá-las? Além disso, estávamos preocupados em não inventar apenas um modismo, que até poderia fazer com que pessoas que nunca tinham freqüentado a Igreja começassem a vir, mas que, logo depois, como fogo de palha, desistissem.

Estávamos em 1966, um ano depois de terminado o Concílio. Até então, muita gente ainda rezava o terço durante a missa. Isso era visto como uma boa maneira de assistir à missa. As músicas eram as tradicionais: *Queremos Deus*, *Coração Santo*. Muito boas, mas tradicionais demais para jovens dos anos sessenta. Para o tempo da "jovem guarda". Numa missa de jovens, não era cabível mantê-las. Por isso comecei a fazer algumas composições simples. Muitas vezes, pegava letras já existentes, punha melodia e ritmo da época, do momento. Tudo aquilo causou muita incerteza. Eu sentia que confiavam em mim, mas, ao mesmo tempo, tinham dúvidas com relação a esse novo espaço, que eu insistia em dar aos jovens.

Um dia, no fim da missa, entrou na sacristia o padre inspetor. Entre os superiores, ele era o que comandava. Observe-se que ele era um superior muito firme. Severo até. Vinha da igreja. Pensei: "Meu Deus do céu, ele já ouviu os rumores. Veio me dizer que pare, acabe com isso". Mas ele chegou visivelmente emocionado e me disse:

— Parabéns! Você está fazendo um trabalho salesiano, de acordo com Dom Bosco. Estive vendo, ouvindo. Chegaram muitos rumores até mim; por isso quis ver, eu mesmo. Mas o principal é que, faz dois domingos, tenho vindo confessar os jovens, para avaliar, também ali, no confessionário, os acontecimentos. O que me convenceu é que os jovens se confessam muito bem, querem uma vida diferente. A gente vê que eles se arrependem com sinceridade, estão dispostos a uma verdadeira vida cristã. Continue, porque isso é trabalho salesiano. É carisma de Dom Bosco. Ele também não foi entendido...

Nossa, foi um alívio! Graças a Deus, dali para a frente, foi cada vez melhor. Eu sabia que esse era o caminho. Tinha de conquistar aqueles jovens como um jovem dos anos sessenta. Tinha de me fazer um deles, mostrar o quanto a vida poderia ser mais bonita se eles aceitassem renunciar a algumas coisas que escravizam e experimentar outras, que libertam. Sabia disso, mas, com a anuência do padre inspetor, tudo ficou ainda mais evidente e entusiasmante. Era o sonho de Dom Bosco: não apenas amar os jovens, mas fazer com que eles se sentissem amados.

Após a missa, reuníamos os jovens no salão paroquial, na mesma rua, vizinho ao santuário. Não precisávamos de muita coisa. Eu me punha ao piano, e cantávamos as músicas do momento. Num determinado ponto, eu trazia uma palavra. A missa havia terminado lá pelo meio dia e dez. Até a saída da igreja, quase meio-dia e meia. Era admirável como aqueles jovens ficavam ali mais uma hora, uma hora e tanto. E os Encontros foram crescendo, de tal maneira que os pais daqueles jovens também perceberam a mudança.

Frei Lucas Moreira Neves, dominicano ali em Perdizes, era diretor espiritual do Movimento Familiar Cristão no país inteiro. Ouvindo vários pais ali da paróquia, que participavam daquele movimento, quis vir a uma de nossas reuniões. Combinamos o dia, ele veio. Eu até quis que ele, ainda um simples frei dominicano, mas já de grande destaque, presidisse a reunião. Ele disse:

— Não. Vim para ver.

E ficou lá no fundo. Conduzi o encontro. Houve a leitura do Evangelho, o comentário, trocaram experiências sobre o texto. E música, e oração. No final, ele me disse:

— O dedo de Deus está nisso. Você verá como isso vai crescer, porque a base de vocês é o Evangelho, a palavra de Deus.

E ele ficou muito próximo do nosso trabalho. Logo, foi nomeado bispo auxiliar de São Paulo. Depois, foi para uma diocese, em seguida para Roma. E Dom Lucas, cardeal, sempre muito próximo, lembrava aqueles começos. Ficaria, mais tarde, muito amigo da Canção Nova. As raízes estavam lá, naquele grupo visto por ele no Liceu Coração de Jesus.

Continuava em mim o grande desejo de partilhar, com os jovens, aquela minha experiência pessoal. Mesmo com tudo o que eu fazia, ainda não tinha chegado àquilo. Não via os efeitos de um encontro pessoal com Jesus, como eu tinha tido. Até que fui participar de um Cursilho de Cristandade. Muitos cursilhistas da paróquia, alguns também do Movimento Familiar Cristão, vendo o meu jeito, me incentivaram. O pároco, depois de ter também ele participado, me animou e acabei indo.

Foi muito bom. Lá encontrei homens de empresa, do comércio, da educação. No Cursilho que eu fiz, estava Franco Montoro, que foi governador de São Paulo. Lá nos encontramos, conversamos. Naquele tempo, escolhiam e convidavam as lideranças. O encontro pessoal daqueles homens com Jesus era o que de mais importante acontecia lá. E a mudança de vida que eu vi, depois daquilo, era algo maravilhoso. Empolgante.

Na ocasião, conversei com os próprios dirigentes do Cursilho, perguntei se não havia algo assim para os jovens. Disseram que não. Até me dissuadiram, afirmando que aquilo era muito forte, uma dose excessiva para os jovens. Eles não teriam têmpera, nem perseverança, nem constância para agüentar, não conseguiriam manter uma vida cristã assim.

Mas eu não concordava com o que eles diziam. Conhecia bem os jovens, sabia que não era a realidade. O jovem, quando excluído, acaba deixando adormecer a chama de vida que há dentro dele. O jovem precisa de atenção, de espaço, de compreensão, de pessoas que, mais maduras, saibam com humildade entrar no seu universo e instigá-lo a voar.

E como é lindo o vôo de um jovem! Quando ele se percebe pássaro, quando ele se entrega nas mãos de Deus, sua história ganha uma outra coloração. E era esse lindo apelo da juventude que me instigava cada vez mais e me fazia um padre melhor.

Na minha ida ao Cursilho, um episódio me deixou bastante chateado, mas acabou sendo chave para outras portas que precisavam se abrir.

No domingo em que terminava o Cursilho, também começava, na mesma noite, o retiro dos salesianos. Não foi fácil o padre inspetor me autorizar a ir, pois o Cursilho era diferente, desconhecido. Ele só permitiu porque o pároco avalizou, mas insistiu muito:

— Você vai chegar a tempo ao retiro?

— É claro que vou, termina domingo à noite.

Mas eu não imaginava como era. No domingo, especialmente, o horário ia se dilatando, atrasando. Só sei que o Cursilho foi terminar lá pelas dez, dez e meia da noite. E acontecia num lugar retirado de São Paulo. Por isso, o pároco com um outro padre que também já havia participado foram me receber. Sabiam como era, por isso passaram na casa onde íamos fazer o retiro, viram qual seria meu quarto, pegaram a chave, levaram para mim e me disseram:

— Olhe, esta é sua chave. Você chega, sobe e vai para o seu quarto.

Foi o que fiz. Mas cheguei ao retiro quase meia-noite.

No dia seguinte eu, muito sincero, ainda mais depois do Cursilho, fui agradecer ao padre inspetor, Salvador de Bonis, a permissão dada. Disse que foi tudo muito bom, que gostei muito, foi bastante proveitoso. Talvez ele nem se apercebesse de meu atraso. Mas eu, no meu entusiasmo, acrescentei:

— Não cheguei a tempo, porque não imaginava que fosse terminar tão tarde. Mas cheguei e fui direto para o meu quarto, dormir. Agora estou aqui pronto para começar o retiro.

Nunca imaginaria a reação dele. Virou para mim e disse:

— Então o senhor não vai fazer o retiro! Pegue sua mala e volte para casa!

Eu já era padre havia alguns anos. Imagine, receber uma água fria dessas! O sangue subiu. Mas, olhando-o nos olhos, eu disse, com respeito e firmeza:

— O senhor está cometendo uma grave injustiça! Se eu não estivesse saindo do Cursilho agora, me revoltaria. Mas, graças a Deus, tive essa experiência. Então lhe digo que Deus vai tirar algo muito bom deste acontecimento. O que o senhor está fazendo é uma grande e dolorosa injustiça.

Ele ficou sem jeito. Disse:

— Vamos fazer o seguinte: há um padre que não pôde vir ainda para o retiro, por não ter quem o substitua na paróquia. Então, você vai para Jundiaí, para a paróquia dele, e o padre vem para cá.

— Sim, senhor. Eu vou.

Ainda tive o cuidado de conversar com os meus colegas, para que não se revoltassem ao saber o motivo da minha exclusão do retiro. E fui, conforme ele me mandou.

Lá em Jundiaí, como eu não era o pároco, as pessoas não vinham me procurar. Só fiz as atividades próprias dos horários normais. A missa da manhã, alguns atendimentos. Fiquei com bastante tempo livre. Naquela semana, veio à minha mente a inspiração de um esquema completo de encontro para jovens. Não era o Cursilho, mas era inspirado naquilo que lá vivi. Fui escrevendo, bem rapidamente, todas aquelas idéias. Terminada a semana, voltei para o colégio, vida normal de todos os dias. Mas tinha o propósito de pôr aquele esquema em prática, e fui em busca de um local.

Acabamos fazendo o encontro na nossa própria casa de retiros, em Campos do Jordão. Quem me ajudou foi Walter Ivan de Azevedo, meu antigo assistente em Lavrinhas e padre havia bastante tempo. Ele era catequista dos semi-internos do Coração de Jesus. Hoje é bispo, Dom Walter Ivan. Expus-lhe o esquema, ele se entusiasmou. Gostou demais. Ficou meu auxiliar naquilo tudo. E foi comigo para o Encontro. Foi o primeiro, e nem teve um nome. A idéia inicial era fazer um retiro, com o objetivo de dar aos jovens a oportunidade de ter seu encontro pessoal com Cristo e a conseqüente mudança de vida.

Levamos cerca de quarenta rapazes, escolhidos entre jovens da paróquia e do Liceu. Foi na Semana Santa, da noite de quinta até o meio-dia de domingo. Quando, após o almoço de Páscoa, fizemos o último ato, os jovens testemunharam o que tinha sido para eles aquele Encontro. A reação deles foi maravilhosa. Não eram meninos, já eram rapazes. Manifestavam, com clareza, o encontro pessoal que tinham tido com Jesus. Mas não falavam num encontro pessoal, diziam que tiveram uma *trombada* com Cristo.

Descemos para São Paulo. Imaginávamos que os outros do grupo estavam nos aguardando. Quando nos encontramos, foi aquela festa. Fomos para a capela e rezamos todos juntos, abraçados uns aos outros. Alguns jovens faziam questão de dizer para os colegas o que tinha sido o Encontro. Aquilo também deu um ânimo novo, positivo, ao grupo de jovens, um fermento maravilhoso. A partir daí apareceram, no colégio e na paróquia, sempre mais jovens querendo tomar parte no Encontro.

Eu ia percebendo o rumo que realmente queria dar à minha vida de padre. Ser um instrumento para que os jovens pudessem viver uma experiência de amor, de fé, conseqüência do seu encontro pessoal com Cristo. Vivo. Pessoal. Eu queria ser um instrumento para a construção de um tempo novo, com pessoas renovadas. E eu ia me renovando a cada Encontro, a cada celebração, a cada confissão que ouvia. Ficava fascinado ao perceber como esses jovens mudavam e a coragem que tinham de começar toda uma vida nova.

Padre Calazans era o diretor espiritual dos Cursilhos de Cristandade. Como me baseei naquele movimento, achei que devia contar a ele o que havia acontecido. Então, levei comigo todo o esquema e o nosso material.

Era assim: os jovens tinham as palestras, que eram muito testemunhais. O essencial de cada palestra era o testemunho referente àquele assunto. Sabia que eles precisavam de referenciais, de modelos, de pessoas que pudessem lhes mostrar a diferença que faz a fé, numa vida que tem problemas como todas as outras, mas que nessa mesma fé encontram certezas e proteção. Convidei senhores cursilhistas mais jovens, até alguns solteiros, para dar as palestras junto comigo, com o padre Walter. Entre eles, o Ismar Soares, que hoje trabalha também na Universidade de São Paulo, a USP, e na Pontifícia Universidade Católica, a PUC de São Paulo, no campo da comunicação.

Terminada a palestra, havia um trabalho de discussão. Os jovens, divididos em equipes, sempre com dois dirigentes em cada grupo, expressavam as próprias dúvidas, as coisas que não aceitavam. Naquele tempo, 1967, 1968, 1969, os jovens eram muito questionadores, contestadores até. E era bom, porque expunham seus pensamentos, suas obsessões. Os dirigentes ouviam, davam algumas respostas, outras deixavam no ar, para esclarecimento em outras palestras. Depois, faziam um resumo e um cartaz a respeito daquela palestra. Eram sempre cinco palestras. Ao final do dia, apresentavam o resumo dos resumos e os cartazes que tinham feito. As atividades eram bem dinâmicas.

Peguei essas sínteses, esses cartazes, levei para o padre Calazans ver. E lhe contei a experiência. Quando comecei a contar, ele ficou muito emocionado.

— Olhe, há muito tempo fiquei imaginando um encontro de jovens assim. Soube até que havia algo semelhante no México. Fui ver os esquemas, conversei muito com os cursilhistas, mas muitos deles não acreditam na capacidade dos jovens. Então, sem ter com quem contar, não fiz nada disso ainda. Mas você foi corajoso, pegou e fez. Usou alguns cursilhistas seus conhecidos. Você não quer fazer, junto comigo, um encontro de jovens com as moças? Você me diz que há muitas moças no grupo de jovens da paróquia. Tenho todas as moças do movimento Lareira. Juntos, fazemos o Encontro.

E eu aceitei. Marcamos a data e fizemos. As meninas do Lareira eram da alta sociedade. Mas ele escolheu bem as primeiras dirigentes, porque eu não conhecia senhoras e moças que tivessem feito o Cursilho. Ele sim, por ser o diretor espiritual dos Cursilhos do Brasil. Escolheu as moças, algumas universitárias, e outras senhoras para dirigentes do Encontro.

E fomos em frente.

O efeito foi igual ao do Encontro dos rapazes. Embora com uma tonalidade mais feminina, o que era natural, as bases eram as mesmas e o resultado foi idêntico. Continuamos a fazer Encontros de rapazes. Padre Calazans fez novos Encontros de moças. Naquele tempo, os salesianos não podiam nem pensar, ou ouvir falar, em fazer um Encontro misto.

O padre inspetor, Salvador de Bonis, o mesmo que me elogiara na sacristia após a missa dos jovens, o mesmo que tinha me mandado embora do retiro, um homem competentíssimo, de grande visão, mas muito severo, muito firme nas suas decisões, um dia chegou para mim e disse:

— Ouvi falar muito desses Encontros de jovens. Quero ver um.

— Muito bem, vá mesmo. Acho que é ótimo o senhor ir e ver pessoalmente.

— Você sabe que estou ouvindo muitas coisas, coisas positivas, e também coisas negativas. Há muitos salesianos que não estão de acordo. Mas tenho ouvido também os bons resultados, como aconteceu com as missas de jovens. Vou participar.

E foi.

Como aquele homem ficou comovido ouvindo as palestras, como ficou emocionado vendo os testemunhos e, principalmente, atendendo as confissões, que se prolongavam até alta madrugada!

Ele foi a mais um ou dois Encontros de rapazes, e sempre com a mesma reação. Nem sabia ainda que eu tinha feito um Encontro com moças, em São Paulo, junto com o padre Calazans. Numa outra oportunidade, me procurou e disse:

— Você tem moças aí na paróquia; as irmãs salesianas têm muitas moças no Colégio Santa Inês; outros colégios aqui em São Paulo, também. Por que não fazemos um Encontro para as moças?

Fiquei abismado com a proposta dele. Para os salesianos daquele tempo, nem pensar num trabalho feminino!

Além disso, eu ficava totalmente sem jeito fazendo as palestras para as moças. Naquele primeiro Encontro, com o padre Calazans, eu não sabia nem onde pôr as mãos. Não sabia nem se as chamava de moças, de meninas. Porque, com os rapazes, eu tinha liberdade. Já naquele início, fazia palestras muito diretas. Não falava sobre conceitos, falava com as pessoas, falava da vida deles. Real. Concreta. E acho que este era um dos segredos do sucesso. Mas nem sabia como me dirigir às moças.

O que ajudava muito era o violão. Eu tocava violão e sabia que as canções tocavam fundo os corações. As canções animavam. Antes das palestras, depois das palestras, a gente sempre cantava muito. E, como era novidade um padre tocando violão, cantando no meio dos jovens, com certeza, isso ajudava. Mas, trabalhar com as moças foi uma dificuldade. O meu primeiro contato com elas havia sido no grupo de jovens. Quando tive de enfrentar palestras só com elas, era como se tivessem quebrado as minhas pernas. Mas o padre inspetor acabava de me fazer a proposta de um encontro feminino, e disse, determinadamente:

— Nesse, eu também quero estar.

Fizemos o primeiro Encontro de moças em Campos do Jordão. Algumas irmãs salesianas também participaram. E o resultado foi maravilhoso, embora com um inesperado problema.

O ônibus quebrou no caminho da volta. A chegada, que devia ser às sete horas, atrasou para quase dez da noite. Na volta, havia aquela recepção, os testemunhos, como aconteceu na primeira vez. As outras religiosas e muitos pais, que nunca tinham passado por aquilo, estavam impacientes. Queriam notícias, saber a razão do atraso. Quando, por fim, chegaram, cantando, dando testemunhos, cheios de calor humano e outras coisas assim, foi aquele choque. Mas, graças a Deus, os testemunhos foram suficientes para convencer a maioria.

E assim começaram, também, os nossos Encontros femininos. O padre Calazans continuou com os Encontros em São Paulo. E nós íamos fazendo os nossos, em Campos do Jordão. Ele conseguiu um outro padre que o ajudasse. Começaram, também, a fazer Encontros com rapazes, apoiando-se nos nossos dirigentes. Tínhamos, naquela altura, os Encontros do padre Calazans, em São Paulo, chamados Emaús, e os nossos. Fiz questão de não dar um nome. Queria chamá-los simplesmente Encontros de Juventude. Não queria que os participantes virassem "encontristas", ou assumissem outros nomes assim, mas não houve jeito. Eles mesmos passaram a se chamar encontristas... contra todas as minhas expectativas.

Dali um pouco, surgiu o nome Movimento Construindo, porque tudo convergia para a proposta de construir o homem para construir o mundo. Durante nossos Encontros, falava-se muito em construir o homem novo, construir um mundo novo. Essa tônica vem desde aqueles tempos. Os Encontros continuaram, pelos anos 67, 68, 69...

Surgiram, então, mais tarefas necessárias e urgentes: organizar a perseverança e continuar a formação desses jovens. Formar outros dirigentes. Muitos dos participantes dos Encontros iam a outros colégios para dar palestras, testemunhar para os jovens. Os padres e as religiosas desses estabelecimentos, vendo os efeitos nos seus estudantes, pediam para participar. Ora, nem nós, nem o Emaús, conseguíamos atender a tantos pedidos.

Havia um casal em São Paulo, Célia e Campelo. Moravam em Higienópolis, na avenida Angélica. Eram participantes e dirigentes entusiasmados dos Encontros, Célia principalmente. Conheciam Murilo, um seminarista do Sagrado Coração de Jesus, dos deonianos, estudante de Teologia. Falaram-lhe muito desses Encontros de jovens, incentivaram-no a ir.

Numas férias de julho, Murilo participou do Encontro de rapazes e gostou demais. Pediu muito que eu fizesse, nas férias de janeiro, um Encontro de jovens lá no Conventinho, em Taubaté, para os jovens da cidade e da região do Vale do Paraíba. Mas era trabalho demais, eu não tinha condições.

Nisso, o padre Zezinho, que trabalhava na igreja São Judas, convidado pelos jovens, participou do Encontro Emaús. Gostou. Estive no encerramento do Encontro que ele fez.

Na época, o Zezinho era um padre bem novo, nem era conhecido ainda pelas músicas. Tinha acabado de voltar do exterior. Depois de ordenado, ficou nos Estados Unidos uns dois, três anos. Lembro-me de que, ao final do Encontro, ele disse:

— Encontrei aqui minha vocação com a juventude.

Desde então, padre Zezinho passou a tomar parte ativa nos Encontros e nas reuniões de dirigentes em São Paulo, a convite do padre Calazans. Por um lado, começou a ajudar nos Encontros. Por outro, levou aquele tipo de iniciativa à pastoral das vocações, que era responsabilidade dele na congregação. Então, falei para o Murilo:

— Olhe, o Zezinho, da congregação de vocês, conhece os Encontros, anda trabalhando com isso. Convide o padre Zezinho.

E ele topou. Fez um primeiro Encontro de rapazes e, nas mesmas férias, um Encontro de moças. No nosso próprio esquema, com dirigentes formados por nós. Zezinho fez a palestra sobre confissão. Era a mais polêmica, os jovens questionavam demais, contestavam.

— Por que tenho que me confessar? Por que com um padre? Por que não me confesso direto com Deus?

Era a palestra mais questionada, era preciso usar muita pedagogia. Mas, depois que os jovens se convenciam, era bonito. As confissões começavam e só terminavam quando os padres que os atendiam não agüentavam mais. O padre Zezinho fez a palestra sobre a confissão baseado no termo *shalom*. Lembrou que Jesus, ao se encontrar com os apóstolos, disse: "Shalom, *a paz esteja convosco!*" E depois: "*Como o Pai me enviou, assim também eu vos envio a vós. Recebei o Espírito Santo. Àqueles a quem perdoardes os pecados, ser-lhes-ão perdoados*". Ele baseava toda a palestra nisso. Dizia coisas assim:

— A confissão nos traz *shalom*. Quando nos convencemos e confessamos nossos pecados e somos perdoados, o efeito imediato é a paz, é *shalom*.

E os jovens iam à confissão. Na volta, testemunhavam dizendo "encontrei *Shalom*", arrastavam os outros para se confessar e encontrar *Shalom*.

Tudo isso era muito lindo. Como o Zezinho repetia e insistia em *shalom*, os jovens diziam:

— Vá se confessar e também você vai encontrar *shalom*.

No encerramento, os jovens testemunhando falavam em *shalom*. Quem ia recebê-los não entendia nada, então tinham de explicar o que era *shalom*. Conseqüência: esses Encontros acabaram se chamando *Shalom*.

Portanto, surgiram três ramificações, três denominações. Nós, com o Encontro de Juventude. O padre Calazans, com Emaús. Os do Sagrado Coração de Jesus, deonianos, chamavam-se *Shalom*, e eram dirigidos pelo então seminarista Murilo. Hoje ele é Dom Murilo Krüeger, Arcebispo de Florianópolis. Depois da ordenação, os superiores, vendo os resultados, deixaram o Murilo em Taubaté, ajudando no Conventinho e cuidando do *Shalom*. O cardeal Dom Eusébio Scheid, que era ainda padre Eusébio, professor de Teologia, foi um dos que ajudaram muito o padre Murilo nos Encontros de Taubaté, responsáveis por mobilizar toda aquela área do Vale do Paraíba.

E nós continuamos os nossos Encontros de Jovens, em Campos do Jordão. Geraldo Alckmin, ex-governador de São Paulo, foi um dos que participaram. Na época ele era estudante de Medicina. Havia os Encontros para universitários. Aconteciam, em geral, nas férias, em julho. Em janeiro, aconteciam menos, porque os salesianos tinham o retiro e outras atividades internas. Mas em julho tínhamos, pelo menos, um ou dois Encontros de universitários. O jovem universitário, depois grande político, participou com grande proveito de um desses Encontros.

Os Encontros ganharam tamanho vulto que passaram a exigir uma organização bem estruturada. Resultado: eu tinha trabalho demais. Meu Deus do céu! A perseverança, a continuação. Todos os meses nós nos reuníamos. Eu sabia da importância da perseverança. Os jovens, quando saíam dos Encontros, saíam com o desejo de mudar o mundo, saíam com a certeza de que valia a pena ser diferente daquilo que eles viam. Havia muita vontade de ser melhor. Mas, se não houvesse continuidade, o tempo esfriaria o entusiasmo e a busca contínua. A experiência de fé precisa ser renovada todo o tempo, e por isso nós nos empenhávamos em reunir mensalmente os jovens encontristas. E já eram três grupos diferentes. Todos os meses, cada grupo tinha seus encontros de perseverança com a turma de jovens. Havia palestras, testemunhos e outras atividades. Tudo isso era um trabalhão, junto com as atividades normais de padre e o trabalho no Liceu Coração de Jesus...

Numa dessas reuniões, o padre Zezinho me disse:

— Olhe, já fiz muitos Encontros...

Ele, de fato, havia feito mesmo muitos. Tinha visto os efeitos. Pegou o esquema e ia, com alguns dirigentes, para os mais diversos lugares do Brasil, onde garimpava as vocações. O trabalho dele era conseguir seminaristas. Percebeu que, com o Encontro de rapazes, conseguia muito mais resultado vocacional do que com qualquer outra atividade. Então fazia Encontros quase a cada final de semana, num lugar diferente.

Naquele dia, ele me disse o seguinte:

— Vou parar de fazer Encontros. Já são muitos os que participaram.

Então, ele usou esta frase:

— Os jovens deram o coração a Deus, mas ainda não lhe deram a cabeça. Precisam de muito conhecimento, ainda mais porque muitos são universitários. Então, vou ficar na retaguarda de vocês. Vou escrever, compor. Vou fazer trabalho de formação.

E fez isso mesmo. Estava começando a gravar, e a escrever seus livros, nesse tempo. Assim começou todo o novo trabalho do padre Zezinho, visando às vocações e à formação dos jovens. Depois vieram os shows, conseqüência daquele trabalho. Um carisma posto em ação. Uma atividade verdadeiramente profética. Os frutos estão aí, por toda parte. Mas, como todo profeta, quanto sofrimento!

No final de 1969, senti um abatimento muito grande. Pensava que era só cansaço. Programamos, por causa disso, um Encontro, sem minha participação. Percebi que não podia mais ir a todos os encontros, como costumava fazer.

Imagine: quando começavam as confissões, no sábado, iam até duas, três da madrugada, naquele frio de Campos do Jordão. E nós deixávamos que o horário se estendesse quanto fosse necessário. Se as confissões fossem adiadas para a manhã de domingo, ficaria difícil, era gente demais. Na hora do almoço o Encontro terminava, tínhamos de voltar para São Paulo. O inspetor, padre Salvador de Bonis, não faltava a um Encontro, de rapazes, de moças. Se não podia ficar no Encontro inteiro, ficava pelo menos no que era mais difícil. Nas confissões de sábado à noite, ele estava presente. Era o primeiro que começava e o último a terminar. Dizia, para mim principalmente:

— Padre Jonas, vá dormir. De manhã, você tem palestras, dirige o Encontro. Eu, não. Vá dormir, eu atendo a estes últimos.

E eu não sabia até que horas ele ainda ficava atendendo.

Os jovens gostavam muito dele. E mais: os jovens o "amansaram". O padre de Bonis, aquele homem severo que eu conheci, ficou maravilhoso. Vi a formação pelo outro lado, os jovens formando o padre inspetor. Ele tinha um amor pelos jovens que dava na vista, até causava ciúme nos salesianos. Eles diziam:

— O padre inspetor, agora, fica muito mais no Encontro de jovens do que com os salesianos. Morre de amores pelos encontristas.

Sempre há dessas humanidades... Mas ele pouco se incomodava, e foi ótimo. Como inspetor, ele incentivava os salesianos para que participassem. Dizia assim:

— Eu fui, vi e me convenci. Não adianta falar. O salesiano tem de ir, ver e se convencer.

E aconteceu que aquilo se espalhou mais ou menos pelo Brasil salesiano inteiro. Os de Mato Grosso vieram. Os da Amazônia. Os do Nordeste. Os do Sul. Participaram e levaram o esquema do Encontro para suas regiões. Muitas vezes, nas férias, que era a época possível, os nossos dirigentes iam a esses diferentes estados, fazer Encontros de jovens. Depois, os daquela região continuavam.

Cheio de trabalho, quando chegou o final de 1969, eu já tinha me convencido de que não podia ir mais a todos os Encontros. Estávamos ainda no sexto ou sétimo Encontro de Jovens, quando os pais já esperavam um tipo de encontro para eles também:

— Não, não é possível. Nossos filhos chegam em casa tão transformados! A gente vê que é consistente, eles mudam de vida mesmo. O senhor, padre Jonas, precisa fazer um Encontro desses para nós.

E foram falar com o padre inspetor, sabiam já o caminho.

Padre de Bonis aceitou, mandou fazer um esquema de Encontros para os pais. Então, além dos Encontros de Jovens, criamos o Curso de Vivência Cristã, um esquema todo novo, diferente. Para homens e mulheres, para casais. E era outra beleza. Em geral, iam os próprios pais dos jovens que fizeram Encontros. Convidavam outros. E o trabalho se acumulava, cada vez mais.

Os participantes desse Encontro, ao qual não fui, saíram do Liceu pelas três horas, rumo a Campos do Jordão. Voltei ao escritório. De tão cansado, repousei minha cabeça sobre a mesa. Estava consciente, completamente consciente, mas sem forças para me levantar. Quem me encontrou foi meu colega, o padre Luiz Marra. Viu meu estado, me ajudou a ir para o quarto e chamou o doutor Bernardo.

Era o médico que ia aos nossos Encontros de jovens e dava a palestra sobre sexualidade. Como médico, tinha todo o gabarito para tratar do tema. Além disso, fazia uma palestra muito vivencial. Convencia os jovens de que era preciso viver a castidade. Isso causava um impacto. Depois da palestra, que era no sábado cedo, o doutor Bernardo ficava lá. Os jovens levantavam todo tipo de questões, contestavam mesmo, mas era porque não queriam se entregar. Já estavam convencidos, só tinham de abrir o coração. A transformação dos jovens, a partir daí, era para valer.

Doutor Bernardo veio me examinar. Viu tudo, mas foi muito delicado. Disse:

— Amanhã, o senhor vai ao posto médico. É pertinho, na Dino Bueno. — Era o mesmo lugar onde ficava a antiga clínica freqüentada pela minha mãe, agora transformada num posto médico. — Vá lá e faça uma abreugrafia do pulmão, só para prevenir. — Receitou uns remédios e foi embora.

No dia seguinte, fui ao posto médico. Num instante, fiz a chapa do pulmão. Na volta, eu parecia ter chumbo nas pernas. Um cansaço fora do comum. Quando cheguei, já havia um telefonema, pedindo que eu voltasse. Pensei: "Ô meu Deus do céu, tenho de voltar pra lá!" Dei meia volta. Quando cheguei, o médico tornou a ver minha chapa. Pôs a chapa na luminosidade, me mostrou. Disse:

— O senhor é padre, então vou abrir o jogo. Olhe aqui, este ponto no ápice do pulmão. O senhor está com tuberculose. Precisa tomar providências imediatamente. Aqui pouco podemos fazer, somos apenas um posto médico. Mas o senhor está tuberculoso.

Depois dessa notícia, quase não consegui andar na rua. Voltar foi um baque. Mas, graças a Deus, no percurso, fui elaborando a informação dentro de mim. Fui direto para o quarto, estava muito cansado. Lá, me pus de joelhos no chão e me entreguei:

— Jesus, eu não imaginava isso, mas a minha mãe teve tuberculose. Aceito, estou de acordo, me entrego em suas mãos. Eu na verdade disse: *se tu queres, eu quero; se tu fores, eu vou*, e estou agora assumindo concretamente o que afirmei na música do meu diaconato.

Foi um alívio, mas era dura a situação.

O primeiro a me visitar foi padre Walter, grande companheiro. Contei-lhe do meu estado. Como ele cuidava da saúde de nós todos, sempre foi mais ou menos enfermeiro, tratou de tomar providências. Depois, veio o Marra, a quem também expus tudo. Ele queria que eu fosse logo para o sanatório.

Conclusão: três dias depois, quinze de novembro de 1969, eu já estava no sanatório, o chamado S3 de Campos do Jordão. Ainda existe. Em férias recentes que passei em Campos do Jordão, fui lá para visitar. A parte física é a mesma. Passou por reformas. São mais de trinta anos, quase quarenta. Mas está lá, e com muitos doentes ainda.

CAPÍTULO SETE

Nova experiência de fé

"Chegando o dia de Pentecostes, estavam todos reunidos no mesmo lugar. De repente, veio do céu um ruído, como se soprasse um vento impetuoso, e encheu toda a casa onde estavam sentados. Apareceu-lhes então uma espécie de línguas de fogo, que se repartiram e repousaram sobre cada um deles. Ficaram todos cheios do Espírito Santo e começaram a falar em outras línguas, conforme o Espírito Santo lhes concedia que falassem."

(Atos dos Apóstolos 2, 1-4)

Era preciso de fato ir para o sanatório. Já estava acostumado a idas e vindas na minha vida, na minha saúde. Eu gostava muito do trabalho que fazia e lamentava ter de deixar tanta coisa. Principalmente por causa dos jovens. Sabia que eles de fato começavam a viver uma experiência com Deus e me sentia como um instrumento para que tudo isso acontecesse. Às vezes me perguntava: por que ficar doente, por que ter de deixar o que estou fazendo, se estou fazendo o bem a tantas pessoas? É claro que nunca tive dúvida da presença de Deus em minha vida, mas sou humano e, como humano, sentia a tristeza de ter de interromper minha missão.

No início, meu comportamento no sanatório foi exemplar. Precisava ficar de cama muitas horas. Sentia muito cansaço, porque a doença no pulmão resulta nisso. Tinha de tomar os remédios. Tomava terramicina, um antibiótico fortíssimo, todos os dias. Injeções no braço, uma dor terrível.

Naquele primeiro mês, quinze de novembro a quinze de dezembro, apesar do meu bom comportamento, comecei a me interessar pelas pessoas que viviam naquele lugar. Algumas idéias iam surgindo. Quem sabe eu não estava ali para ajudá-las a ter também uma experiência de fé? Era um sanatório com duzentos homens; oitenta por cento deles, jovens.

Minha primeira iniciativa foi tratar dos preparativos para a missa de Natal. Comecei a reunir aqueles rapazes, a ensaiar as músicas com o meu violão. Imagine, um tuberculoso cantando! Naqueles poucos dias, menos de dez, preparamos as músicas. Fomos procurar as religiosas que cuidavam do sanatório:

— Queremos uma missa de Natal!

E os jovens:

— Não queremos que a missa seja às oito, mas à meia-noite!

Não foi fácil fazer com que as irmãs aceitassem. Tiveram de conversar com os médicos. Mas elas, vendo os ensaios dos jovens lá no salão, vendo o resultado, aceitaram. Que beleza!

A capela ainda existe, foi reformada, mas é no mesmo lugar. Ficou lotada, e muita gente ficou para fora. Imagine a capela cheia de homens, rapazes, cantando a plenos pulmões, mas todos tuberculosos. E eu entre o altar, o violão e o harmônio, me alternando nas três coisas: tocar, cantar e celebrar a missa. Fiz a pregação para eles. Após a missa, todos nós fomos participar da ceia, e só de madrugada fomos dormir. Uma inimaginável inovação no sanatório S3.

O Natal deles foi totalmente diferente. As irmãs viram o resultado, a alegria daqueles jovens. Quem não foi, no dia seguinte não resistiu, entrou no clima. Foi outra beleza! Uma verdadeira festa de Natal. Jesus, o aniversariante, estava no nosso meio. No meio dos tuberculosos.

Continuei, cada vez mais, a trabalhar com eles. Ia aos quartos, criou-se um clima de confiabilidade. E o que acontecia com os jovens, nos Encontros, acontecia ali. Abriam a alma, contavam-me a própria vida deles. Meu Deus do céu, que vidas mais doloridas e mais arruinadas! Quando ganharam ainda mais confiança, me disseram:

— Quando o senhor chegou aqui, um padre tuberculoso, queríamos saber: por que o padre está aqui? Viemos parar aqui por causa das farras em que vivíamos. E o padre, está aqui por quê? — Depois de uma pausa, acrescentaram: — Agora já entendemos.

E abriam a vida: eram confissões de verdade.

Havia os encarregados da parte social do sanatório. Eles viram minha liderança entre os jovens. Outra coisa inacreditável: sessenta por cento dos internados não sabiam ler nem escrever. Começamos um curso de alfabetização dentro do sanatório. Eu, todos os dias, num horário certo, dava aulas para eles. E tocando violão, e cantando junto, ouvindo confissões. A convivência foi, cada vez mais, se aprofundando.

Conclusão: fizemos um Encontro de jovens dentro do sanatório. Chamei os dirigentes de São Paulo, eles vieram. Selecionamos, entre os muitos que queriam participar do encontro, aqueles em que eu via mais condições. Os jovens saíram vibrando, e já trabalhando com os colegas. Eles tiveram o seu encontro pessoal com Cristo. Passaram por uma verdadeira conversão. Começaram uma vida nova. E tudo isso no ambiente de sanatório de homens tuberculosos.

E eu voltava a sentir aquela emoção de estar sendo um sinal de Deus em qualquer lugar. Sabia que o meu sacerdócio era um sacerdócio para sempre, e era pleno, fosse na igreja, no colégio, na rua ou num sanatório. E que experiência linda de fé! Nada acontece por acaso, e os milagres estão aí, mesmo quando a gente não entende por que adoeceu, por que teve de passar por algumas tribulações. Tudo depende da fé, do olhar, da certeza de que o bem está dentro de cada um de nós. Somos, afinal, centelhas divinas.

O tempo foi passando. Quando meu médico, o doutor Franklin, que ainda vive em Campos do Jordão, chamou meu superior, o padre de Bonis, e lhe disse:

— Se o senhor quer que o padre se cure, tire-o do sanatório. Graças a Deus, ele já não está mais positivo. — Estar positivo, para eles, significa ter ainda o bacilo de Koch. Quando o bacilo desaparece, o doente é considerado negativo. Ele continuou: — O padre pode sair do sanatório. Não contagia mais ninguém. Mas, se ele ficar, não se cura. Ele não pára um minuto. São encontros, aulas, cursos de violão, celebrações, confissões, tudo que se possa imaginar. Ele está fazendo o bem para muita gente, mas ainda não se curou totalmente.

E, desse modo, meu médico me entregou. O inspetor foi conversar com as irmãs. Elas, apesar de muito satisfeitas com o trabalho, não puderam negar. Graças a Deus, fiz, em três meses, uma verdadeira revolução naquele sanatório. Aliás, eu não, mas a graça de Deus posta em ação por mim.

Agora, um baque que me prostrou.

No final desse terceiro mês, um grupo de estagiários de Medicina apareceu ali. A instrutora deles aplicou o teste de Mantou, uma espécie de vacina-teste aplicada naqueles doentes. Se a pessoa não tem tuberculose, dá uma manchinha e pronto. Mas se a pessoa tem ou teve tuberculose, então a mancha é grande. Tem um padrão. De acordo com o tamanho da mancha, é mais forte o grau da tuberculose. Todos nós recebemos a vacina, e os estudantes acompanharam. Passado o tempo necessário, a instrutora retornou, com os estagiários, e foi passando pelos doentes. Um dos que ela examinou fui eu. Mostrou minha ficha e disse para os alunos:

— Vejam, o padre teve tuberculose, tinha o bacilo, era positivo. Por isso que a mancha dele está deste tamanho. Se ele ainda estivesse positivo, o tamanho seria ainda maior. O padre é um exemplo de alguém que já foi positivo e não é mais.

Ouvi aquilo e fui caindo aos pedaços, porque ainda não sabia que havia sido positivo. Desde minha chegada, durante os três meses, as irmãs sempre me disseram que eu era negativo. Estava doente do pulmão, mas não era positivo. Quando a irmã que cuidava de mim chegou, perguntei:

— Por que a senhora fez isso?

— Não fui eu. As outras irmãs é que acharam que, se o senhor soubesse, ia ficar muito assustado. Seu caso nem era grave, veja que já está negativo. Por isso não dissemos.

Mas aquilo foi um baque para mim, saber que tinha sido positivo, que poderia ter contagiado outras pessoas.

E sofri outro baque logo em seguida, quando o padre inspetor me disse que eu ia sair do sanatório. Isso era até bom. Mas ele me comunicou que eu ia para Lorena, porque o médico havia dito que, se eu não saísse do sanatório, não me curava. Minha expectativa, quando estivesse bem, era voltar para o meu trabalho em São Paulo. Voltar para os Encontros de jovens. Mas não foi o que aconteceu. Agora, eu ia para Lorena. Aquilo foi, para mim, como ir para o exílio.

Quando o padre inspetor me comunicou a decisão, chorei como criança na frente dele. Mas ele, muito firme, não voltou atrás. E fui para Lorena.

Aí é que foi difícil. Nesse meu primeiro ano em Lorena, minha única tarefa era dar aulas de Eclesiologia para os seminaristas. Ainda hoje encontro padres e bispos ex-alunos meus. Os seminaristas redentoristas, que estavam no Seminário Santo Afonso, e os diocesanos que vinham do Brasil inteiro e ficavam no chamado Colegião, de Aparecida, todos faziam Filosofia com os salesianos. Eu era professor deles todos, e minhas aulas eram muito apreciadas. Só que passava quase todo o resto do tempo no quarto. Vivia uma vida muito reservada, de poucas atividades, o que ajudou muito na minha recuperação.

Mas, naquele ano de 1970, embora melhorasse, dia após dia, nenhuma esperança de voltar. Eu gostava da agitação de São Paulo, do Liceu e das responsabilidades que eu tinha: as celebrações e os Encontros, toda uma comunidade vibrante. Claro que Lorena também tinha uma boa comunidade, mas era diferente. Era uma expectativa frustrada. Quando fui ao sanatório, levava a certeza de que seria por um espaço curto de tempo, e que depois eu voltaria a todas as minhas atividades. Mas havia feito voto de obediência e era preciso aceitar o que ordenasse meu inspetor. Fui para Lorena a contragosto, esperando que, até o final do ano, pudesse regressar a São Paulo.

Terminou o ano, chegou a época em que os salesianos faziam transferências. Pensei que retornaria aos Encontros de jovens, mas ninguém falou nisso. Aquilo, para mim, foi como uma punhalada. Outro ano daquele jeito. Tinha perdido as esperanças de voltar. Isso é que foi trágico.

Caí numa frustração muito grande, num ressentimento, numa enorme mágoa dos meus superiores, porque me senti injustiçado. Ainda mais o inspetor, o padre de Bonis, que conhecia todo o meu trabalho e me conservava ali. É claro que ele fazia isso para meu bem. Porque, se eu voltasse àquele meu ritmo anterior de trabalho, era muito fácil uma recaída. E a recaída na tuberculose é tremenda. Mas não entendi isso, só queria voltar.

Se até fiz uma revolução no sanatório, se consegui ser um sinal de Deus lá, é porque já estava bom. Queria voltar para o meu trabalho. E fui afundando nesse ressentimento, nessa mágoa. Foi a época mais terrível da minha vida.

Costumo contar, nos meus testemunhos, que praticamente não rezava mais. Claro que celebrava missa, mas rezar como antes, fazer orações, não fazia.

Nesse ano de 1971, eu estava no Colégio São Joaquim, já cuidava dos alunos. Por que não podia voltar ao Liceu? Dava aulas, ensinava música de novo, cuidava dos encontristas que iam a Campos do Jordão, dos que estavam em Lorena: Filipe Aquino, Maria Zila, esposa dele, e outros, Júlio Brebal, Ney Guimarães. Homens e mulheres que iam participar dos meus Encontros de jovens.

Por que não podia retornar ao meu trabalho? Praticamente eu havia abandonado a prática da oração. Foi terrível! E o interessante é que eu tinha trabalho a fazer em Lorena, mas era como se não visse isso, só olhava para minha expectativa frustrada. Havia feito um projeto que agora já não estava podendo desenvolver. Embora eu fizesse o que tinha de ser feito, não me sentia feliz. Em mim, morava a dor de não estar onde queria estar, e um sentimento de não poder estar onde eu achava que merecia estar.

Pela metade desse ano, no auge da minha revolta, que eu curtia sozinho, não contava a ninguém, tomei uma resolução: rezar o "Vinde Espírito Santo" todas as noites, antes de deitar. Essa era, digo com franqueza, muitas vezes, minha única oração diária. Estava, nessa altura, a um triz de perder meu ministério, por ressentimento. Por revolta. Nada mais de errado acontecia, graças a Deus! Mas eu estava a ponto de me desligar do ministério. Apesar disso, rezava o "Vinde Espírito Santo" todas as noites.

Como nunca deixei de crer em milagres, uma mudança começou dentro de mim.

Comecei a ouvir falar a respeito do que o padre Haroldo Rhans andava fazendo. Sabia desse padre porque, enquanto fazia Encontro de jovens, ele, sem que nos conhecêssemos, fazia TLC, Treinamento de Liderança Cristã, em Campinas. Assim como entrei em contato com padre Calazans, padre Zezinho, Murilo, depois padre Murilo, acabei me encontrando com padre Haroldo. Ficamos amigos. Ele me convidou para ir a um TLC.

Corriam rumores de que padre Haroldo estava fazendo um Encontro do Espírito Santo, algo assim. Estavam acontecendo coisas novas. Muito novas! Mas eram vozes, comentários indefinidos. E, com isso tudo, padre Irineu, que hoje é Dom Irineu Danelon, bispo de Lins, no Estado de São Paulo, na época no Instituto de Filosofia, em Lorena, convidou padre Haroldo a fazer, no dia de Finados, um retiro para os seminaristas salesianos. Nessa data, padre Haroldo estava livre, e os seminaristas também, porque não havia aula.

Fiquei sabendo dessa vinda de padre Haroldo. E quis muito participar daquele encontro, sem saber bem o que era. Mas, na véspera, fui informado pelo meu diretor que eu deveria ir para Silveiras, celebrar a missa de Finados. Era uma cidade próxima, que estava sem padre. E, além disso, eu precisava comparecer, à tarde, à reunião dos professores da Faculdade de Filosofia. Para mim foi uma enorme frustração, porque eu queria muito participar daquele Encontro com o padre Haroldo. À noite, quando terminei minha oração ao Divino Espírito Santo, tive uma pequena sensação de alívio. Disse:

— Senhor, abro mão. Queria muito fazer esse Encontro, mas não posso. Em vez de continuar me revoltando, deixo nas suas mãos. Não vou, e pronto.

Na manhã seguinte, já me preparando para sair, o diretor veio me avisar que padre Haroldo havia chegado e queria me ver. Como já nos conhecíamos, fui, nos cumprimentamos, conversamos um pouco. Mas já era tempo de começar o Encontro e de eu ir para Silveiras. Na hora em que os seminaristas estavam entrando, o diretor virou para mim e disse:

— Entre também. Participe do Encontro.

E ele nem fazia idéia de quanto eu queria aquilo! Respondi:

— Mas não posso. O senhor mesmo me escalou pra ir para Silveiras, e de tarde tem a reunião dos professores.

— Não faz mal. Arrumo alguém para ir em seu lugar. Faça o Encontro.

Foi o dedo de Deus. Encontrava-me diante de mais um milagre.

O Encontro era só um dia. Padre Haroldo pôde fazer pouca coisa. Naquela manhã, ele começou às nove horas, ao meio dia houve o intervalo do almoço, cafezinho depois do descanso. Retomamos só às duas e meia. Lá pelas cinco horas, deveria ser a missa. Isso porque o pessoal da cozinha, depois do jantar, às seis, tinha que sair. Por isso a missa tinha de ser naquele horário. E ele teve muito pouco tempo. Mas expôs, para nós, o que o Espírito Santo estava fazendo no mundo.

Isso era final de 1971. Contou que houve, lá nos Estados Unidos, um maravilhoso derramamento do Espírito Santo, e que isso estava acontecendo também em outros lugares. Era a chamada Renovação Carismática. Falou dos dons do Espírito Santo, de pessoas que oravam em línguas, pessoas que oravam para cura e pessoas que eram curadas. Era tudo muito fantástico. Fui bebendo o que estava sendo apresentado. O interessante era que eu não conseguia compreender. Tudo era muito novo, muito estranho. Mas alguma coisa em mim estava de acordo com aquilo. Eu ouvia, absorvia tudo, queria profundamente que aquilo acontecesse também comigo. Era como se aquilo que me estavam dizendo fosse resposta às minhas necessidades. Era o que eu precisava, sem nada de muito conceitual.

No final da missa, na sacristia, padre Haroldo dirigiu-se aos padres, professores do seminário e da faculdade, incluindo o diretor:

— Se vocês quiserem, imponho as mãos sobre vocês, pedindo esse batismo no Espírito Santo...

É claro que pegava mal não aceitar. E os padres aceitaram. Ele foi passando e rezando por cada um. Eu, enquanto esperava pela minha vez, quis do fundo do coração. Quando padre Haroldo rezou por mim, não senti nada de especial, nenhuma emoção. Ele orou por mim e pronto.

Jantamos, e padre Haroldo tinha de sair logo depois. Mas ainda houve tempo para lhe fazer um pedido: levar um grupo de jovens a Campinas, numa próxima experiência de oração que ele fizesse. Depois de examinar sua agenda, ele me deu dez vagas. Seriam suficientes. Nem esperava tanto. Despedimo-nos, ele foi embora.

Passei aquela noite – era uma noite muito bonita – nos pátios do Colégio São Joaquim, rezando como nunca tinha rezado na minha vida. Não era oração em línguas. Nem sabia ainda como era isso. Embora padre Haroldo tivesse falado em pessoas que oravam em línguas, eu não conseguia entender como isso era possível. Mas a oração brotava no meu íntimo. E o mais importante: sumiu aquela revolta, aquele ressentimento, aquele vazio que havia dentro de mim. Eu não era capaz de explicar, mas havia sumido. Permaneci ali sozinho, andando pelos pátios. Depois, fui à capela que havia ali próximo, sempre rezando espontaneamente, o que não era costume. Conclusão: varei a noite rezando. Já quase de madrugada, quando fui para o quarto deitar, parecia um passarinho voando, tal a mudança que havia ocorrido dentro de mim.

Ao acordar no dia seguinte, embora tivesse dormido muito pouco, minha impressão era a de que tudo tinha sido lavado, o céu, as árvores, o colégio. Tudo estava diferente, para mim. Colorido, bonito. Tudo isso foi me questionando... Eu pensava: "Mas o que aconteceu comigo? Foi isso que padre Haroldo falou? É isso que é o batismo no Espírito?" Não havia ninguém com quem eu pudesse conferir.

E, naqueles dias, as coisas foram acontecendo.

Primeiro: eu, que não rezava, já tinha passado aquela primeira noite rezando. Peguei de novo meu breviário. Rezar com ele passou a ser muito diferente. Não era mais uma coisa mecânica, ali escrita, que eu rezava por obrigação. Aquilo era vivo. Peguei também a *Bíblia*. Tinha já uma *Bíblia* da Editora Ave-Maria, desde meus tempos de estudos teológicos. Apanhei-a na estante, e ela adquiriu nova feição. Falava comigo, aqueles fatos não eram fatos do passado, tinham apelo para mim, agora, pessoalmente, invadiam minha vida. Eu lia a *Bíblia* como quem tem sede.

É claro que eu já tinha lido muitas vezes a *Bíblia* e até tinha estudado com profundidade o Antigo e o Novo Testamento. Mas era diferente, agora. O meu entusiasmo era outro. Até as celebrações eucarísticas se tornaram diferentes. Eu sentia a força da Eucaristia. Tudo era novo. Verdadeiramente novo. E percebi que aquele ressentimento, aquela mágoa, aquela revolta tinham ido embora. E até o arrependimento dos meus pecados mudara. Graças a Deus, não eram grandes. Eram os pecados do dia-a-dia:

murmurações, reclamações, impaciência. Sentia, porém, um profundo arrependimento.

Quando padre Haroldo fez esse retiro com os seminaristas, estava presente também um padre redentorista chamado Rodolfo, que depois foi para a África, como missionário. Ele, como eu, havia recebido imposição das mãos. O que aconteceu com os outros sacerdotes nós não soubemos. Mas soubemos o que se deu conosco e muito bem. Aquilo que a Bíblia chama de "batismo no Espírito Santo", com a evidência dos seus dons e frutos, brotou em nossas vidas. Éramos mais que amigos, irmãos. Por isso, fui procurá-lo. Quando lhe contei o que me tinha acontecido, ficou contente:

— Somos dois, aconteceu a mesma coisa comigo.

Passei então a me confessar com ele. Ambos vivíamos a mesma experiência, nos entendíamos bem.

Padre Rodolfo começou a fazer vigílias com jovens, nas primeiras sextas-feiras, lá em Aparecida. Depois com as irmãs, com padres, com seminaristas. Era professor no seminário, convidava os seminaristas a participar das vigílias. Por isso escolheram a primeira sexta-feira do mês, já que no sábado não havia aula. Passavam a noite em oração. Aquilo fazia um bem enorme. Foi assim que a Renovação Carismática foi entrando, por Aparecida, por meio das vigílias organizadas pelo padre Rodolfo. Eu ia me confessar com ele porque sentia um profundo arrependimento dos meus pecados. Tudo em minha vida mudou.

Um mês depois, em dezembro, com dez jovens, entre eles Júlio Brebal, Nei Guimarães, Paulo César da Silva, Vilma Tireli, e mais outros seis, fomos fazer a Experiência de Oração, em Campinas, com o padre Haroldo. E o que aconteceu comigo aconteceu com eles. Voltamos entusiasmados! Cheios do Espírito Santo!

Nessa vez, assim como na primeira, também fui ousado: perguntei ao padre Haroldo se, em janeiro e fevereiro, nas próximas férias, ele poderia ir a Lorena, fazer uma Experiência de Oração com os nossos jovens. Ele aceitou, marcou na agenda. Voltei confiante naquela prometida visita. E nossos testemunhos, nossa mudança, foram suficientes para tocar os outros. Marcamos uma Experiência de Oração para os nossos jovens, e eles aceitaram.

Só que, depois de montarmos tudo, o padre Haroldo me avisou que não podia vir. Apareceu um compromisso: uma viagem aos Estados Unidos, algo assim. Mas o nosso encontro, já marcado, tinha de acontecer.

Então, sozinhos, enfrentamos as palestras e toda a dinâmica da experiência de oração. Aquilo que caberia a padre Haroldo, tive eu que fazer. Mas, graças a Deus, foi uma beleza. E eu me entusiasmando, bebendo aquela alegria, ouvindo aqueles jovens pregar algo novo, que nunca tinham pregado, as palestras de Experiência de Oração, as dinâmicas de oração, os momentos de grupos de oração, e depois o momento de imposição das mãos, para as pessoas se abrirem na graça do batismo no Espírito Santo. O efeito foi extraordinário.

A partir daquela ocasião, com os participantes dos Encontros de jovens, de Lorena e arredores, começamos a fazer Experiências de Oração. E o panorama mudou. Já não era apenas um Encontro de jovens. Era mais: a Experiência de Oração, essa nova experiência do batismo no Espírito Santo, os dons do Espírito Santo. Os grupos de oração foram surgindo, aquilo pegou um fogo tão grande que chamou a atenção do próprio bispo.

Dom Antônio Afonso de Miranda tinha sido feito bispo de Lorena, e viu o entusiasmo daquele grupo de jovens. Antes disso, já havia missa das onze, para os jovens, na catedral, com o padre Chico. Então, esse padre foi para Cruzeiro; Dom Antônio o transferiu para lá, e eu fiquei com a missa das onze em Lorena. E, agora, com todo esse novo material que Deus nos havia dado. Era a experiência da alegria dos primeiros encontros, a experiência da motivação daqueles jovens com toda a experiência do Espírito Santo que estávamos vivendo.

Monsenhor João era o pároco da Catedral, mais tarde seria nomeado Dom João Hipólito de Moraes, bispo de Lorena, que tanto ajudou a Canção Nova. Ele viu o que estava acontecendo ali, a diferença. Bispo e padres ficaram entusiasmados. E isso foi essencial para que tivéssemos êxito. Era tudo muito novo, mas eles percebiam a mão de Deus nessa renovação.

Renovação que vinha cheia do carisma do Espírito, não com o objetivo de ser um movimento apenas, um movimento festivo que atraísse mais e mais pessoas para a Igreja, mas vinha com a proposta de fazer com que a Igreja permanecesse em movimento. Modestamente digo: era como aquele chamado a São Francisco de Assis. O chamado para que ele reconstruísse, não a igreja de pedra, mas a Igreja do Senhor. Era preciso fazer com que os batizados fossem cristãos de fato, que tivessem esta vida verdadeiramente nova. Não uma outra maneira de participar, mas uma nova postura, que não vinha simplesmente de uma doutrina, vinha de uma experiência. Era preciso uma experiência nova para ser uma criatura nova e entender, de fato, a beleza do cristianismo.

Que bom que não fui para São Paulo depois da saída do sanatório! Que bom que pude ficar em Lorena para viver e partilhar toda essa nova experiência de fé e de amor!

E assim passaram-se os anos, de 1972 até 1975.

CAPÍTULO OITO

Uma nova canção começa a ser composta

"E agora, eis o que diz o Senhor, aquele que te criou, Jacó, e te formou, Israel: nada temas, pois eu te resgato, eu te chamo pelo nome, és meu. (...) Porque és precioso a meus olhos, porque eu te aprecio e te amo, permuto reinos por ti, entrego nações em troca de ti."

(Isaías 43, 1, 4)

Em 1975, chegamos à conclusão de que, para nossos Encontros de jovens e Experiências de Oração, precisávamos de um local.

Até então, utilizávamos apenas a própria Faculdade Salesiana, ou o prédio do Instituto de Filosofia. Quando havia outras atividades, não era possível. Procurávamos, então, outros colégios. Mas havia sempre a mesma limitação, só podia ser no sábado e domingo. Na Faculdade, sábado, só depois do almoço, pois havia aulas pela manhã. As pessoas não podiam dormir no local. Tudo isso dificultava.

Aspirávamos um espaço nosso quando um comerciante de Lorena, Élcio Camarinha, veio me dizer:

— Padre, sei que o senhor quer muito ter um local para os Encontros. Conheço, em Areias, uma fazenda muito grande. Tinha planos de comprá-la e fazer dela um hotel-fazenda, só que os negócios não foram em frente. Mas é uma fazenda muito grande, a casa tem muitos quartos, há espaço suficiente para o senhor fazer os Encontros. É num lugar sossegado, distante da cidade. É bem capaz que o fazendeiro empreste o casarão para o senhor.

E eu pensei comigo: "Quando é que um fazendeiro, que tem uma fazenda assim, vai permitir usar a casa dele, ainda mais com esse tamanho?"

Por aqueles dias, a Luzia me procurou e disse

— A Angélica, minha cunhada, casada com meu irmão Antônio, tem um irmão, o Gandur, que é fazendeiro. Ele tem uma fazenda em Areias, muito grande, já estive lá em várias férias. A sede é tão grande, tem tantos quartos, que daria para fazer os nossos Encontros. Se o senhor quiser, falo com minha cunhada, ela fala com o irmão dela. É bem capaz de o Gandur ceder a fazenda para fazermos os Encontros.

De novo pensei: "A Luzia está sonhando. Quando é que um fazendeiro, só porque é a cunhada dele que está pedindo, vai ceder uma casa de fazenda desse tamanho?"

Mas, passados uns dias, fiquei sabendo que os dois, Élcio Camarinha e Luzia, falavam da mesma fazenda. Falei comigo: "O dedo de Deus está aí. Não pode ser simples coincidência". E disse à Luzia:

— Peça para Angélica, sua cunhada, falar com o irmão dela.

Ela foi, e voltou com a notícia: os donos da fazenda em Areias, Gandur e sua esposa Ísis, estavam à minha disposição, para me receber e conversar quando eu pudesse ir. Fiquei admirado. Só o fato de querer conversar comigo já era um bom sinal. Mas a dúvida persistia: será que esse homem, dono de uma fazenda assim, vai ceder a fazenda para a gente?

Fomos lá, e falei dos nossos planos. Eles não sabiam nada do trabalho que fazíamos com os jovens. Luzia ajudou a contar. Ele e a esposa ficaram muito tocados. Disseram:

— É um belo trabalho esse que o senhor está fazendo com os jovens. Conte com toda nossa disposição. Vamos ver o que pode ser feito. Vamos até a fazenda.

E me levaram. Fiquei surpreso. Nunca pensei que fosse tão grande, que tivesse tantos quartos. Ali caberiam quarenta, cinqüenta jovens. Com os dirigentes na sala, e com beliches, caberia todo mundo nos quartos. Gandur, vendo que gostei, e achei que era possível, na hora já cedeu. Disse:

— Então fazemos o seguinte: um contrato de três anos, para experiência sua e nossa.

Agradeci. Ele continuou:

— Vamos fazer o contrato em cartório.

— Mas que é isso, não precisa...

— Não. É que o senhor vai precisar investir aqui, para organizar a casa. Está me dizendo que tem de colocar beliches. Só há chuveiros suficientes para família, que vem passar férias aqui. Vai ser preciso colocar chuveiros, fazer instalação de água. Como ainda não temos luz elétrica, o senhor vai ter de investir num gerador, um dínamo, coisa assim. Hoje estou aqui, amanhã não sei. Então, vamos discriminar num contrato que o senhor pode usar a fazenda por três anos, menos nas férias, quando a família vem para cá. E esse quarto, que é meu e da Ísis, o senhor deixa livre, porque também venho aqui durante a semana. Mas, no fim de semana, podem usar, o quarto também é de vocês. O resto, podem ocupar tudo, durante todo o tempo.

Foi maravilhoso. Um verdadeiro milagre!

Luzia já tinha entrado na minha vida. Eu a conheci quando ela fez um dos nossos Encontros de jovens. Foi assim que nos encontramos.

Eu soubera, pouco tempo antes, de um acidente de avião em que o piloto havia morrido carbonizado, e que a viúva dele estava ali, na cidade. Mas não a conhecia. E aconteceu que uma jovem, bem nova mesmo, veio falar comigo. Disse que a dona Geni, nossa conhecida, lhe dissera que viesse fazer inscrição para o Encontro de Jovens. Recebi-a bem, mas para mim era só mais uma jovem interessada em participar do Encontro. Apenas lhe disse que sim, que tudo bem, que se inscrevesse com o Júlio Brebal, o dirigente do próximo Encontro. A jovenzinha foi e se inscreveu. Os Encontros aconteciam na faculdade, durante a tarde e a noite do sábado e o domingo inteiro.

Só durante o encontro me disseram que era ela a viúva daquele piloto. O acidente aconteceu apenas quarenta dias depois do casamento. Lembro-me direitinho do momento em que, na capela, Luzia teve o seu Encontro pessoal com Jesus. Como chorou, como transbordou espiritualidade e amor. E lembro-me direitinho da confissão que Luzia veio fazer comigo. Também chorou muito, o que, para ela, foi de um impacto benéfico. Foi excelente! A partir daquele Encontro, a situação dela, de viúva do aviador, mudou completamente. Ela logo ficou muito próxima.

Um mês depois, íamos fazer uma Experiência de Oração, para as irmãs salesianas, em Belo Horizonte. Fomos numa kombi, de Lorena até Belo Horizonte. Foi uma grande viagem para nós. E Luzia, que ainda não tinha feito Experiência de Oração, acompanhou os dirigentes, e participou lado a lado com as irmãs.

Esse foi outro momento de reviravolta em sua vida. Desde então, ficou ainda mais próxima de nós todos. Nossas vidas se cruzaram, nesse milagre de escrever uma nova história para a juventude. A obra não seria o que veio a ser sem sua força, sua determinação e, acima de tudo, sua fé, porque ela também acredita em milagres.

E há também, é claro, o Eto, que sempre esteve presente em nossa história. Ele morava em Queluz, cidade muito próxima de Areias. E era ele quem, desde aquela época, se multiplicava para que todas as coisas acontecessem da melhor maneira possível. Certa feita alguém disse que, se eu sou o sacerdote de toda essa obra, ele, Eto, é o governador. Ele é quem, como bom obreiro, fez e faz com que nossos sonhos possam ir se realizando. Hoje moramos juntos, Luzia, Eto e eu. Mas essa é uma outra história que fica, quem sabe, para um outro livro.

A fazenda era boa, mas tivemos de fazer tudo.

Fizemos os beliches de madeira, era mais barato do que comprar. Reformamos os banheiros que havia e fizemos outros. Instalamos chuveiros. Eto e Haroldo, outro amigo nosso, fizeram um grande reservatório no alto do morro. Puxaram, de lá, uma canalização para conduzir a água até a sede. Vinda do alto do morro, subia facilmente para as caixas d'água do casarão. Colocamos um aparelho de gás, para garantir pelo menos um banho quente. Providenciamos eletricidade, que não havia.

Conseguimos um antigo gerador, movido a óleo. Fazê-lo funcionar era um trabalhão. Além disso, arranjamos lampiões e mais lampiões, de gás, para iluminar. Se o gerador falhasse, tínhamos os lampiões. De noite, depois que o pessoal ia para os quartos, o gerador era desligado, para economizar combustível. Sem falar no barulho que o gerador fazia e do qual nos livrávamos. Desligar aquilo era um alívio. E foi tudo isso que gerou a Associação Canção Nova.

Dom Antônio Afonso de Miranda, nosso bispo naquele tempo, estava informado e acompanhando tudo. Então ele, que tinha muita experiência, já tinha sido superior geral da sua congregação, falou assim:

— Olhe, neste momento, vocês vão começar a mexer com dinheiro. E dinheiro é muito perigoso, depois vai dar o que falar. Vocês criam uma Associação, o dinheiro todo é da Associação, ela é que faz os negócios. Haverá uma diretoria. Vai ter uma conta, uma escrituração bem feitinha. Vou querer ver, acompanhar tudo. Vocês estão começando...

E explicou como tinha de ser, mostrou tudo. Teve muita confiança, gostava demais dos Encontros, via os efeitos nos jovens. Concluiu assim:

— Comecem. Um dia vou fazer um Encontro com vocês.

Então fui ousado, falei:

— Dom Antônio, nem sei como fazer um estatuto. O senhor não quer fazer nosso estatuto?

Já sabia que ele era doutor em Direito Civil e Direito Canônico. Primeiro fez Advocacia, depois, Direito Canônico. E ele, bom mineiro, disse:

— Ah, posso fazer. É um estatuto simples.

Fez um estatuto breve, conciso. Nós guardamos com muito carinho até hoje, inclusive a primeira ata.

Chegou a hora de o promotor aprovar a Associação. Falei disso com Dom Antônio. O promotor, naquele momento, era o doutor Alberto Svibliss, que ficou um bom tempo no cargo. Ele tinha sido aluno dos salesianos, foi até seminarista. Depois saiu, fez Direito. Muito inteligente, estudou muito, tornou-se promotor. Mas, muito revoltado com a Igreja. Dom Antônio, porque era formado em Direito e gostava da jurisprudência, ganhou o Alberto. Eram amigos até de se visitar em casa, de trocar idéias a respeito de assuntos sobre os quais concordavam e discordavam.

Falei com Dom Antônio:

— Não quer, o senhor mesmo, conversar com o doutor Alberto?

— Converso, sim. Sei que o Alberto é difícil.

Conversou com o promotor. E isso facilitou tudo. A Associação foi aprovada e registrada. Foi assim que começamos como uma associação civil.

O nome Canção Nova, que depois seria dado à Associação, nasceu na seguinte situação. Havia um jesuíta, padre Irala, autor da música *Oração de São Francisco*, além de tantas outras. Era, de fato, bom compositor. Nasceu no Paraguai, mas veio para o Brasil como missionário. Padre Irala, por ser também jesuíta, ligou-se a padre Haroldo e começou a fazer o chamado Treinamento de Liderança Cristã numa base musical. Fazia todo o Encontro usando canções, letras de música. Daí, partiu para fazer Encontros só com músicos. Criou o TLM, o Treinamento de Liderança Musical. Então eu, em Lorena, fiquei sabendo disso. Quis levar, e acabei conseguindo, alguns jovens, que cantavam, tocavam, animavam a música na liturgia e Encontros.

Para começar as atividades, padre Irala dividiu a gente e disse:

— Olhem, vamos trabalhar muito em grupos, vamos até fazer ensaios de composição. Cada grupo vai escolher um nome e um coordenador. Mas o nome deve ter uma ligação com a música e com a *Bíblia*.

E já pôs cada grupo para escolher coordenador e nome. No nosso, não me senti confortável para ficar como coordenador, porque era padre e não queria me impor. Deveria deixar a liderança para os jovens. Depois de bastante conversa, eu apresentei o nome Canção Nova. Gostaram.

Quando chegou nossa vez de anunciar coordenador e nome, o Irala questionou:

— Mas quem disse que Canção Nova é nome bíblico? É musical, mas não é bíblico.

— Claro que é, padre Irala. Canção Nova é Cântico Novo e está do começo ao fim da Bíblia — respondi.

— Ah, tem razão, me desculpe.

E colocou no quadro *Canção Nova*. O nome foi ficando, para nós, cada vez mais familiar, mais agradável. Nosso grupo funcionou muito bem. Ou seja, aquele nome ficou gravado no meu ouvido e no meu coração.

Depois da experiência do batismo no Espírito, da nova relação com a leitura da *Bíblia*, tudo o que foi acontecendo comigo fez com que mais aquilo, que era simplesmente um nome bonito, adquirisse ressonância no meu íntimo. Para mim, Canção Nova dizia tudo o que a *Bíblia* diz, especialmente em Isaías. Canção Nova, o cântico dos redimidos. O cântico dos homens novos. O cântico do mundo novo. O próprio pessoal dos Encontros não estava ligado ao nome Canção Nova. Tanto é assim que eles estranharam quando perguntaram como ia se chamar a Associação, e eu disse:

— Vai se chamar Canção Nova.

Luzia foi uma que questionou:

— Mas por quê?

— Nome bonito... — mas tentei explicar o melhor que pude. Acolheram.

E ficou. Para mim, na verdade, foi inspiração e escolha de Deus, muito mais que minha.

Assim foi registrada a Associação, em 1975.

Naquele ano e no seguinte, fizemos muitos Encontros em Areias. Fazíamos, primeiro, Maranatás; depois, Experiência de Oração; depois, aprofundamento da Renovação Carismática. Mais tarde, para os jovens, criamos o Ágape, que era um encontro aprofundado, depois do Maranatá.

Meu Deus, como o Espírito Santo jorrava abundantemente naqueles Encontros! Quantas vidas eram transformadas!

As pessoas saíam de lá absolutamente iluminadas e com um desejo enorme de mudar o homem e o mundo, construir uma nova civilização, levar a todos os cantos essa rica experiência de amor. Eu sentia, cada vez mais, que de fato havia sido necessário ter ido para Lorena. Entendi o quão difícil, às vezes, é perceber os milagres que vão contra a nossa expectativa, até contra nossa vontade, mas depois se mostram verdadeiros milagres.

Naquela casa de Areias, muitos jovens e adultos nasceram e renasceram. Nelsinho Corrêa é um deles: diácono, compositor impecável, músico, homem de Deus que toca com tanta profundidade o coração de tantas pessoas. Nelsinho fala, ainda hoje, muito poeticamente sobre essa casa.

E os dirigentes que participavam também eram transformados. Foi uma bênção! Dom Antônio esteve presente em um Maranatá de jovens, foi participar de uma Experiência de Oração, e acabou se envolvendo em todas as atividades que se realizaram.

A casa tinha o mínimo necessário, mas nos garantia os quartos, a sala de palestras. Embaixo, por causa do declive do terreno, havia outros quartos, alojamento dos dirigentes e dos que trabalhavam na cozinha. Ficava completamente ocupada. Não tínhamos onde colocar uma capela. Em Vila Brandina, Campinas, padre Haroldo havia enfrentado um problema semelhante e solucionou usando a garagem. Colocou capim seco no chão e uns troncos perto da parede para os poucos que conseguiam sentar-se neles. A maioria assentava-se no chão. Fizemos da mesma forma na garagem da fazenda. E aquele lugar passou a ser a capela. Era muito singelo, muito bonito. Não era nossa intenção copiar, mas não tivemos escolha. Imitamos o que eles fizeram.

Pedimos permissão ao Gandur e fizemos, ali, a nossa capela. Dom Antônio esteve lá, gostou, deu permissão. Mas disse:

— É para usar só durante os Encontros. É uma capela de momento, não é permanente.

O ambiente da capela ficou maravilhoso. Pegamos um grande tronco e dele fizemos, ao mesmo tempo, sacrário e altar.

Durante a semana, porém, a garagem era ocupada pelas galinhas, que ali dormiam e botavam. Nos fins de semana elas, coitadas, ficavam soltas lá fora. Estranhavam o lugar delas ocupado, de noite tinham de se empoleirar nas árvores. Para botar, aproveitavam os intervalos em que não havia ninguém na capela. Usavam o capim que colocávamos no chão. E a gente precisava ter cuidado, procurar os ovos, para não pisar em cima.

Era tudo muito rústico, muito simples, poético.

A água dava um trabalhão, era uma luta contínua. As vacas pisavam na tubulação, cortavam o cano. E nada de água na casa. Isso, quando a emenda no alto do morro não rompia. Era para nos atrapalhar mesmo, porque, sem água, ficávamos sem cozinha, sem banho, sem banheiro. E só percebíamos que alguma coisa havia acontecido quando a água faltava.

Também tínhamos problema com o antigo gerador. Era um custo; para fazê-lo pegar impulso, só no "muque". Não era desses de dar uma puxadinha e pronto, estava ligado. O único que havíamos conseguido era antigo. Durante a semana funcionava bonitinho, mas resolvia não funcionar quando havia Encontro. Então, era necessário acender os lampiões.

Ao mesmo tempo, tudo aquilo era muito bonito e muito espiritual. Eu atendia as confissões e as conversas de orientação pessoal em todos aqueles Encontros. Graças a Deus, vários padres foram nos ajudar. Era um trabalho imenso, mas lindo e inesquecível!

E o rio seguia o seu curso e novos desafios iam surgindo. Lembro-me quando Dom Antônio, no começo de 1976, me chamou para uma conversa.

Pouco antes, no dia oito de dezembro, o Papa Paulo VI assinara o documento chamado *Evangelii Nuntiandi*. E ele foi publicado no *Osservatore Romano* em 21 de dezembro de 1975. Eu me ordenei no dia oito de dezembro, faço aniversário em 21 de dezembro. Nessas duas datas, ele assinou e o documento foi publicado. Mais uma vez: nada é coincidência. Tudo é Providência.

No início do ano seguinte, os bispos receberam-no em primeira mão, antes de ser divulgado ao público. Dom Antônio me chamou ao escritório, me mostrou o documento, todo ele anotado e me disse, com muita determinação:

— Este documento é muito sério. Precisamos colocá-lo em prática.

Ele conhecia bem o nosso trabalho.

Ocorre-me agora algo também providencial. Nos inícios de 1967, Deus começou a derramar sobre todo o mundo o seu Espírito Santo. Menos de dez anos depois, surgiu a *Evangelii Nuntiandi*, o grande documento sobre a evangelização, e Dom Antônio me chamou para essa conversa determinante.

O bispo me chamou ao escritório e, cheio de responsabilidade, me mostrou o documento. Estas foram as palavras dele:

— É muito sério, temos de colocar este documento em prática, porque os batizados não são evangelizados. O senhor trabalha com jovens. Então comece com eles, porque com os jovens será mais fácil.

Claro que não foi só isso, tivemos uma longa conversa. Mas o que ficou gravado em mim, a síntese de tudo, foi isso.

Vi que havia inspiração em Dom Antônio, o documento dele estava todo rabiscado. Mostrou:

— Olhe aqui este parágrafo.

Era o número 44 da *Evangelii Nuntiandi*, o final do número 44, que trata de um Catecumenato para jovens e adultos. O bispo me mostrou esse parágrafo e disse:

— Coloque isto aqui em prática.

Levei a sério:

— Dom Antônio, vejo inspiração nas suas palavras. Vou rezar, vou pensar e lhe trago um esquema.

Como o documento tratava de Catecumenato, me aferrei àquela idéia: era preciso evangelizar os batizados, também, e principalmente os jovens. Íamos fazer essa experiência com os jovens que tínhamos e que desejassem participar daquilo que chamamos "Catecumenato". Muitos já haviam participado dos Encontros de jovens, já tinham passado pela Experiência de Oração.

Foi esse o esquema em que pensei: uma vez por mês a gente se reuniria uma tarde inteira, entrando pela noite. Primeiro, um bom momento de oração; depois, uma palestra doutrinal, trabalho em grupo e uma palestra vivencial. Então, passávamos uma tarefa para ser feita durante o mês. Um trabalho doutrinal, com perguntas, pesquisas, e um trabalho vivencial. Dizíamos: neste mês vamos viver tal coisa, como a palestra mostrou. Depois, uma intensa celebração da Eucaristia, com uma homilia com base na palavra de Deus daquele domingo, mas dando o rumo do que viveríamos durante o próximo mês.

Era tudo muito intenso. Os jovens vibravam. Ia terminar somente lá pelas nove, dez horas da noite. E duzentos jovens, mais ou menos, participavam, com uma freqüência quase total.

Esses Encontros eram feitos no próprio Colégio São Joaquim. Naquele ano, haveria muitos feriadões, a partir da Semana Santa, e me propus a começar já nessa ocasião, com o consentimento de Dom Antônio. Durante a Semana Santa, seria da quinta-feira santa até domingo de Páscoa. No restante dos meses, essa reunião seria do início da tarde até a noite. E nos feriadões, iríamos nos reunir o fim de semana inteiro, incluindo o feriado.

O efeito foi fantástico. Eram muitos jovens, por isso não podíamos fazer na nossa casa de Encontro, em Areias. Quando era feriadão, os jovens das cidades vizinhas ficavam hospedados nas casas das famílias dos outros jovens. Sempre vivíamos esta bela experiência. Quem tinha carro se dispunha a levar os hóspedes, até mesmo para outras cidades. Fizemos reuniões de Catecumenato em 1976 e 1977.

No final de 1976, aliás, um ano muito abençoado, lembramos que havia, em Lorena, uma casa, na rua Dom Bosco, 95, antiga delegacia de ensino. Pertencia a religiosas que ali passaram um tempo. Mas, como tinham ido embora, entregaram a casa para a diocese. Eu não sabia disso. Vi a casa naquela situação, parada, com salas grandes, com uma capela bonita. Fui procurar as irmãs, em São Paulo. Disseram:

— Aquela casa já não é nossa. Entregamos à diocese.

Fui procurar Dom Antônio, que também não gostava de ver as coisas paradas.

Ele disse: — Isso só me dá dor de cabeça, a casa parada está se deteriorando.

E então nos cedeu a casa. Começamos a usá-la.

Também naquele ano, recebi a inspiração de cada uma das músicas daquele disco que veio a se chamar *O amor vencerá*. E caminhamos. Foi então que comecei a gravar com as Irmãs Paulinas. Em 1975, com os Titulares do Ritmo, havíamos gravado *Canções para orar no espírito*. Eram músicas de grupo de oração. Nessa oportunidade, os Titulares, que era um grupo formado de cegos, reparando no meu jeito, ouvindo minha voz, me empurraram para solar aquelas músicas. Eu não queria, dizia que não tinha voz. Mas eles diziam:

— Claro que tem. E é claro que o senhor não vai cantar tudo. Cante pelo menos essa estrofezinha aí, depois a gente vê a gravação.

Tomei coragem. Gravei. E eles, então:

— Ficou muito bom. Não vamos tirar, não.

De música para música, fui contribuindo com a minha participação. Eles se entusiasmaram e eu me encorajei. E assim, sem nunca ter imaginado aquilo, comecei a participar, já naquele primeiro LP.

O disco teve muita saída, porque trazia músicas cantadas nos grupos de oração. Fizemos um segundo disco, em 1976. *Canções latino-americanas para orar no espírito.* Esse foi mais caprichado ainda. Um maestro cuidou dos arranjos. Os Titulares também ajudaram. E eu, novamente, participei solando.

Depois disso tudo, as irmãs e o técnico que trabalhava na mesa de gravação viram meu jeito e se entusiasmaram em gravar comigo. Mostrei, então, as minhas músicas. E disso surgiu *O amor vencerá.* O disco foi lançado em Cachoeira Paulista para todo o Vale do Paraíba. Um sucesso.

Nesse mesmo ano aconteceu uma coisa impressionante.

Estávamos fazendo os Catecumenatos, em Lorena, no Colégio São Joaquim, e os Encontros, na casa, em Areias. E chovia todos os finais de semana. Imagine, chuva todo final de semana, numa estrada de fazenda. E os automóveis, as caminhonetes, as peruas, levando os jovens para os Encontros. Durante a semana, seco; fim de semana, chovia. Às vezes, chovia nos três dias. Até para sair era uma dificuldade. Naquela estrada de fazenda toda molhada, tantos carros, era quase impossível circular. Durante os dias de semana, as vacas leiteiras passavam por ali, o trator passava, a estrada foi se acabando.

No final do ano não havia mais condições de usar a estrada que ligava a cidade de Areias até a fazenda. Os quatro quilômetros de estrada de terra ficaram intransitáveis. Principalmente na chegada à fazenda, pois era uma descida e uma subida muito íngreme. Nesses dois lugares, então, tornava-se quase impossível. Na volta, a mesma coisa.

Nesse ínterim, o Eto, que sempre foi um administrador impecável e um homem de visão, já estava maquinando: "Esta casa aqui não tem futuro, não é nossa, é do Gandur. Ninguém sabe até quando ele vai permitir esse uso. Já é o segundo ano, o próximo vai ser o último. Como é que vai ser? Quanto já está investido aí? Os Encontros, nesse apogeu..." Já havia uma articulação entre os principais dirigentes dos Encontros e a nossa diretoria.

Maria Helena, esposa do Tuso, da cidade de Queluz, veio falar comigo. Era professora, diretora de escola:

— Padre Jonas, o senhor nunca pensou em fazer uma casa nossa para os Encontros?

— Já pensei, só que não temos ainda onde, Maria Helena.

— O senhor não pensou em Queluz, não?

Fui franco, até demais, e respondi imediatamente:

— Não! — Ela sentiu o golpe. Depois, percebendo que eu lhe havia ferido a sensibilidade, emendei: — Olhe, Maria Helena, não pensei, mas posso até pensar.

Ela se recobrou: — A gente pode pensar em Queluz. Existem vários lugares, existem fazendas.

Já tinham maquinado tudo. Só eu é que não sabia.

— Faça o seguinte — falei. Você conhece o pessoal de Queluz, não é mesmo? Converse com eles. Se vocês encontrarem um bom lugar, posso pensar.

E assim, naquele final de semana, eles findaram a santa conspiração. Já tinham conversado com o Marinho Fabri, que foi prefeito de Queluz. E com a Dedé, esposa dele, professora. Eles haviam dito:

— Se o padre vier aqui para escolher, pode achar uns bons lugares...

Os Encontros terminavam na igreja matriz de Areias. O padre que estava lá, um padre idoso, ficava contentíssimo com aquele povo que se reunia em sua igreja. No final do Encontro daquele fim de semana, me procuraram, me deram a notícia:

— Está tudo visto. Já temos quem doe o terreno, é só o senhor ir e escolher.

Combinamos o encontro para falar com o Marinho e com a Dedé. Até o velho pároco ficou cheio de alegria com a novidade.

No dia seguinte, estava chovendo a cântaros em Lorena. Telefonei para Queluz, queria falar com o Eto. Disse:

— Aqui está chovendo demais. Será que vale a pena sair para ver o terreno?

— Aqui, em Queluz, não está chovendo nada.

— Então, está bom. Já estou indo.

Luzia e eu pegamos um carro, o "Francisco", o fusca branco dela. Lá fomos, para Queluz. Para dizer a verdade, também lá estava chovendo. Mas aproveitamos uma estiagem e fomos ver o lugar onde está a Canção Nova, Casa de Maria, atualmente.

Naquela estradinha havia várias pontas da fazenda que a Dedé, esposa do Marinho, havia herdado. Os pais já tinham passado a propriedade para ela. Casada com Marinho, a fazenda era dos dois. Então, ele disse:

— Numa beira da fazenda, é fácil a gente doar o pedaço de terra que o senhor achar melhor.

E nos levou para ver três pontos possíveis. Gostei já do primeiro. Mas fomos ver também os outros dois. E percebi que não era nenhum daqueles, era o primeiro, mesmo. Voltamos, colocamos uma medalha de Nossa Senhora numa arvorezinha, para que ela nos guardasse aquele terreno. Acertamos que seria aquele local.

Parecia tudo muito fácil. Chegar, escolher um terreno e já receber a doação. Mas aí estava um desses milagres que Deus concede para realizar os seus objetivos.

Se um fazendeiro cedeu um casarão, que poderia facilmente tornar-se um hotel fazenda, para que ali fizéssemos nossos Encontros, encontrar outro que doasse um lindo terreno para construirmos a nossa Casa de Encontros só poderia ser por intervenção de Deus. E são esses os milagres para os quais acabamos fechando os olhos.

Uma semana depois, voltamos lá, com Joca. Ele é hoje, e já faz muitos anos, da diretoria da Canção Nova. Estava terminando Arquitetura. Era, e é, muito próximo da gente. Participou de muitos Encontros nossos, naquele tempo. Fomos apanhá-lo em São José dos Campos, para que ele visse e desse umas idéias sobre o terreno, como poderíamos fazer, no local, uma casa para os Encontros.

E foi um espetáculo. Não estava mais chovendo. Quando chegamos, vimos como o terreno era bom, como era bonito o panorama, em frente à serra da Mantiqueira. Joca disse:

— Claro que é preciso fazer uns cortes aqui no terreno, mas ele é ótimo, se adapta bem ao projeto. Basta fazer a terraplanagem.

E nós: — Então, comece já a pensar numa planta.

Fizemos um primeiro esboço do que nós queríamos e entregamos para ele.

O Eto, depois, entrou com mais informações. E começou a aventura: como iríamos realizar a terraplanagem?

Naqueles meses, a Central do Brasil estava fazendo um trabalho enorme na beira da estrada de ferro. Havia constantes desmoronamentos, e a única solução era fazer grandes cortes nos morros, ali na região entre Lavrinhas e Queluz. Máquinas muito possantes estavam trabalhando naquele local. Em vista disso, nos perguntamos:

— Será que o pessoal desta empresa não nos cederia algumas horas de trator?

Um trator daqueles, em poucas horas, faria os cortes.

Então ficamos sabendo que dona Sílvia, professora ali em Queluz, tinha uma filha, Silvinha, que namorava Roberto, um jovem engenheiro. Ele dirigia os trabalhos dessas máquinas, que trabalhavam terceirizadas para a Central. Fomos, o Eto e eu, conversar com dona Sílvia, para que ela conversasse com a Silvinha, para que esta falasse com o Roberto, para ver se ele podia nos conseguir essa doação de serviço. É claro que, a pedido da namorada, ele se interessou.

— Vou conversar com meus chefes — ele disse. As máquinas ficam horas inteiras ociosas. Enquanto uma está trabalhando, a outra está parada. Os cortes são diversos, são diversas as máquinas com que trabalhamos. Acho que podemos dar algumas horas de trabalho para vocês.

E deram. Foi um espetáculo. Vimos aquelas máquinas possantes passando ali: uma vem e faz o corte, a outra vai e soca a terra, solidifica o terreno. E eles, muito rapidamente, resolveram tudo aquilo para nós. Não tenho dúvida, mais uma intervenção de Deus! Tudo isso no final do ano de 1976.

Em dezembro, fomos lá para colocar a pedra fundamental e celebrar a primeira missa. Na véspera do dia marcado, choveu muito. Como a terra tinha sido mexida, quando chegamos, ninguém conseguia entrar no terreno. As senhoras, que tentaram subir, enterraram os saltos dos sapatos naquele barro. Os homens enterraram os pés. Não tínhamos como subir naquela lama escorregadia e colocar a pedra fundamental. Nem continuamos a tentativa.

Graças a Deus, havia uma casa, aliás, esta casa existe até hoje, bem diante do nosso terreno. Foi ali que nos abrigamos. Uma senhora, a dona Bené, ao abrir a *Bíblia*, deparou-se com aquele trecho em que, depois da passagem do Rio Jordão, Deus mandou que pegassem doze pedras, significando as doze tribos de Israel, fizessem um altar e, sobre ele, oferecessem um sacrifício. Ela veio me mostrar essa passagem da Bíblia.

Reparei que havia várias pedras grandes por ali. O trator havia movimentado pedras que estavam no fundo do terreno. E elas estavam encostadas num canto. Pedi aos rapazes que as pegassem e colocassem-nas sob o altar que havíamos preparado. Foi ali, sobre aquelas pedras, que celebramos a primeira missa, de frente para o terreno.

E assim nos lançamos numa grande aventura. Tínhamos diante de nós um outro milagre. No início de 1977, começamos a construção. Joca tinha feito toda a planta. Tínhamos feito ações entre amigos, buscado doações, e surgiram muitas iniciativas. E começamos. Fizemos só os alicerces da casa toda e isso já era muito. Grande demais para nós, que não tínhamos nada.

No início daquele ano, tive de fazer uma cirurgia de vesícula. Fiquei muito mal. Dor de vesícula é tremenda. Não fiz a cirurgia antes porque estava para gravar o disco

O amor vencerá. Gravei com dores, tinha de parar a cada música por causa da dor. Quando chegaram as férias, fui para a cirurgia. E estava no hospital, na semana de recuperação, quando o Eto veio me visitar. Os membros da diretoria da Associação Canção Nova o acompanhavam. E eles, conversa vai, conversa vem, rodeiam a minha cama. Até que, uma hora, entram no assunto: o motivo da visita.

— Olhe, padre, todo o dinheiro que tínhamos foi gasto só nos alicerces da casa. Nós, da diretoria, resolvemos parar a obra. Vamos fazer novas campanhas e, quando tivermos o dinheiro necessário, vamos retomar a construção.

Eu, na cama, ainda sentindo as dores da cirurgia, fui categórico:

— Não vamos parar! — E expliquei: — Se pararmos, essa construção nunca vai em frente. Mesmo sem dinheiro, vamos continuar. Vamos fazer campanhas.

Eles saíram do quarto da Santa Casa e, já no corredor, Paulo Areco, o tesoureiro, pediu demissão, dizendo:

— Esse padre é muito louco, não trabalho mais com ele. Estou saindo!

Depois que deixei o hospital, e estava um pouco melhor, fui lá, fazer uma visita. Percorremos os alicerces da casa. Estavam prontos. Andamos e vimos tudo aquilo. Examinamos os alicerces da capela, que é redonda. A primeira idéia era fazer o altar no centro da capela. Eu trazia no bolso as pedras da minha vesícula. Eram pedras em quantidade: uma pedreira que eu tinha na vesícula. Resolvemos enterrá-las no centro da capela. São o símbolo de todas as lutas e dores que tivemos de enfrentar.

Mamãe, nessa ocasião, estava conosco. Tinha vindo para cuidar de mim no hospital. Papai havia falecido no ano anterior. Só fiquei sabendo depois. Mamãe disse à Luzia:

— Coitado do Jonas, ele é sonhador que nem o pai dele. Pensa que vai conseguir construir essa casa. Fico tão preocupada. E se ele não conseguir, como é que vai fazer?

Foi só depois de um bom tempo que Luzia veio me contar isso. Mas, graças a Deus, deu-se o contrário. Já havíamos decidido que continuaríamos a construção.

O acordo feito era o seguinte: o dinheiro dos pedreiros era sagrado. Tivemos esse propósito porque eu tinha a experiência do meu pai. Sabia que pedreiro ganha por semana. Depende daquele dinheiro. Não deixaríamos faltar o pagamento dos pedreiros. Quanto ao restante, a gente faria como pudesse. Pagaríamos como pudéssemos o material de construção. Fechado esse acordo, começamos a construção.

Minha mãe. Minha mãe que me achava um sonhador e que me protegeu tanto, em toda a minha vida.

Minha mãe que cumpriu sua missão até o final. Ela que pediu o milagre de continuar viva para cuidar de todos os filhos. Sabia quanto precisávamos dela.

E aí está outra linda experiência de fé.

Maria José, a minha irmã mais nova, cresceu, estava noiva, quando Luzia, que já era parte da casa, veio me dizer horrorizada:

— Padre Jonas, você não sabe! Dona Josefa, sua mãe, está com o seio numa situação horrível! Tudo indica que é câncer. E ela está escondendo, não contou nada para ninguém. Ela me chamou no quarto e me mostrou a situação do seio dela.

Fui conversar com mamãe. Ela disse:

— É verdade, meu filho. Fiquei com medo. Não contei, nem mostrei para ninguém.

E ela, com a Luzia próxima, levantou a blusa e me mostrou. O seu seio estava totalmente tomado pela doença.

— Mamãe, a senhora precisa ir ao médico. Por que não vai ao doutor Luiz Martinho? A senhora gostou tanto dele.

Doutor Luiz Martinho havia feito, em Lorena, minha cirurgia de vesícula. Mamãe acabou colocando muita confiança nele.

— É, ao doutor Martinho eu vou.

— Então, vou levar a senhora.

— Não, tenho antes que fazer o casamento de sua irmã. Mas assim que a sua irmã se casar, eu vou.

— A senhora promete, mesmo?

— Prometo. É casar sua irmã e vou ao médico.

E ela foi exata. Maria José casou-se num sábado. Fomos de condução para São Paulo, já tendo combinado tudo. No domingo, ela voltou comigo para Lorena. Na segunda, foi ao doutor Martinho. Era véspera do meu aniversário. Doutor Martinho lhe tinha dito:

— Só não ponho a senhora no hospital hoje à noite, primeiro, porque é muito duro para a senhora, precisa avisar a família, o padre Jonas está fazendo aniversário amanhã. Mas, amanhã à noite, a senhora entra no hospital. No dia seguinte, logo cedo, já estou fazendo a operação.

A cirurgia foi feita e, graças a Deus, bem sucedida.

Depois da cirurgia, mamãe foi para Queluz, onde já estávamos residindo com a comunidade Canção Nova ainda iniciante. Gostou tanto que passou lá o ano inteirinho. Foi um ano de graça que Deus concedeu a mamãe, depois de uma vida toda de lutas e de sofrimento. Mamãe integrou-se no meio dos jovens, fez compromisso de pertença à comunidade. Quando fazíamos vigílias, jejum na sexta-feira, mamãe tentava acompanhar.

Numa das vigílias, mamãe me procurou e disse:

— Hoje vou experimentar fazer vigília e passar a noite acordada, como vocês fazem. Agora, não repare, meu filho. Na hora em que eu não agüentar, volto para cama.

— Não, mamãe, eu nem esperava que a senhora viesse para ficar. A hora em que a senhora quiser, vai para o quarto.

Não é que ela passou a noite inteira fazendo vigília?

Disse depois:

— Nem eu acreditava que fosse capaz.

Experimentou fazer jejum na sexta-feira. Fez. Dizia:

— Nunca pensei que eu pudesse fazer jejum. Ainda mais nesta idade e com esse meu estado de saúde.

Deus lhe deu um ano de graça. Ela mesma dizia que passou conosco o ano mais feliz de toda sua vida. Ela acabou sendo mãe da comunidade inteira, eles receberam muito da sabedoria dela, durante aquele tempo. Era conselheira, conhecia um por um. Mas, veja que interessante, passou um ano só. Chegaram as férias, e como nessa ocasião nós íamos para casa, para passar o Natal, mamãe também foi para casa.

Foi justamente neste tempo, um ano depois da cirurgia, que reapareceram os sinais da doença. Foi internada no hospital Beneficência Portuguesa. Na cirurgia que o doutor Martinho havia feito nela, ele tirou tudo que podia ter tirado, mas houve metástase, a doença se espalhou. Acabou tomando quase todo o pulmão. Trataram dela, até que os próprios médicos disseram que já não era o caso de ficar no hospital. Não havia mais o que fazer.

E ela voltou para casa. Os próprios médicos facilitaram tudo. Como mamãe sentia muita falta de ar, havia lá uma bomba de oxigênio e equipamentos para que ela pudesse respirar. Nas várias vezes que estive em casa, vi que ela estava sofrendo muito, mas não quis levá-la logo para Lorena. Eu havia ficado o ano inteiro com ela. Não seria bom para os meus irmãos tirá-la deles mais uma vez. Até que vi que ela estava sofrendo demais.

Conversei com doutor Martinho, ele disse:

— Não, padre, traga-a para cá. Ela fica na Santa Casa, vamos cuidar dela.

E eu trouxe mamãe. Justamente, no dia 24 de maio, dia de Nossa Senhora Auxiliadora, ela chegou a Lorena. Estava tão mal que pensei: "Nossa Senhora vai levar minha mãe hoje mesmo". E rezei muito.

Graças a Deus, mamãe superou e passou todos aqueles dias no hospital. Muito fragilizada, mas passou. Cuidada no hospital, pareceu até melhorar. Passamos com ela, praticamente, todos aqueles dias. Íamos nos revezando, entre Luzia, Nelsinho, Iracema e eu. Controlávamos, mas assim mesmo eram muitas visitas.

E como há milagres!

Aconteceu uma coisa que nos encantou a todos.

Era já 31 de maio, festa da visita de Maria à sua prima Isabel. Passamos o dia. De tarde, tive de sair, porque faleceu uma pessoa muito amiga da Canção Nova. Avisei:

— Mamãe, vou celebrar a missa antes do enterro. Assim que terminar, volto.

E saí. Quando voltei, me falaram:

— Olhe, assim que o senhor saiu, sua mãe mandou chamá-lo. Saímos pelos corredores da Santa Casa, mas, como o senhor anda muito depressa, não o encontramos mais. Quando voltamos, ela disse: 'Vocês sabem cantar *Maria de Nazaré*?' 'Sabemos, sim.' Nelsinho estava presente e ela pediu: 'Então, cantem.' Cantamos *Maria de Nazaré* todinha, do começo ao fim. E ela: 'Sabem cantar a *Oração de São Francisco*?' 'Sabemos.' Também cantamos.

E me contaram mais.

Minha mãe, com aquele pouquinho de voz que ainda tinha, havia dito:

— Olhem, vocês não estranhem, mas logo depois que o padre Jonas saiu, uma Senhora de roupas compridas entrou aqui no meu quarto. Olhei bem para o rosto dela e vi que era Nossa Senhora que estava aqui. Por isso mandei chamar o padre Jonas. Como vocês não encontraram, pedi que cantassem *Maria de Nazaré*. Porque ela estava aqui, estava vendo, estava acompanhando. Na hora em que pedi que cantassem a *Oração de São Francisco*, ela saiu.

Quando escutei aquilo, pensei: "Ih, meu Deus do céu! Nossa Senhora veio buscar minha mãe. Só não levou porque eu não estava aqui. Mas vai levar hoje, dia 31 de maio".

Já eram quase seis horas. Era costume de mamãe, àquela hora, pedir que ligassem o rádio. Queria acompanhar o terço pela nossa rádio. Naquele dia, mandou abaixar as persianas. Ligaram o aparelho e ficamos esperando. Uns minutinhos antes das seis, eram tocadas aquelas músicas preparatórias para começar a rezar o terço. Mamãe teve o que pareceu para mim uma espécie de desmaio. Fui logo, para socorrê-la:

— Mamãe, mamãe!

Fiquei rezando por ela, pegando em suas mãos, pedindo a Deus. Mas logo vi que mamãe estava indo. E mamãe faleceu ali, nos meus braços.

Realmente Nossa Senhora veio buscá-la, justamente no último dia de maio, às seis horas da tarde.

Deixamos que o corpo de mamãe fosse velado por algumas horas no Santuário de São Benedito, durante a noite. De madrugada, o cortejo seguiu para São Paulo, e foi recebido na paróquia que minha família freqüentava. Parentes e amigos lotaram a igreja. Quando cheguei em casa, contei aos meus irmãos o que havia acontecido. Falei que Nossa Senhora tinha ido ao quarto dela e todo o restante da história.

Quando meu tio Santos chegou e lhe contaram da visita de Nossa Senhora, ele veio a mim e, muito sério, disse assim:

— Conte de novo essa história, de que Nossa Senhora visitou a sua mãe!

Pensei comigo: "Meu Deus do céu! Ele está me dando um pito. É meu tio, me viu menino, é meu padrinho de ordenação e está achando que estou inventando alguma coisa."

— Não, tio, é verdade! — falei. E repeti a história.

Ele ficou contente. Teve uma reação inesperada:

— Que bom! Que bom que sua mãe viu, que era Nossa Senhora...

— O que é isso, tio? — Agora quem estava estranhando era eu.

— Em todo aquele tempo em que ela passou na casa de seu irmão, numa das minhas visitas, sua mãe, muito séria, me falou: 'Santos, você é o irmão que eu mais respeito. Me explique isto: uma porção de vezes entra aqui, no meu quarto, uma mulher vestida com roupas compridas, cabelo comprido. Só não consigo ver o rosto dela. Ela vem, fica perto de mim. Quando sai, sinto uma grande paz. Quando está doendo muito...'

Meu tio continuou contando:

— Ela disse: 'Quando dói muito, essa senhora chega, põe a mão sobre o lugar em que está doendo. E, Santos, quando ela põe a mão, pára de doer. Aí passa um pouquinho, ela vai embora, fico muitas horas sem dor. Quem você acha que é essa mulher?'

Meu tio Santos acrescentou:

— Não agüentei! Para não chorar na frente dela, saí do quarto. Graças a Deus, agora fiquei sabendo. E saiba você também: era Nossa Senhora quem visitava sua mãe, há muito tempo.

Eu me lembrei que, depois da morte de mamãe, doutor Martinho tinha me dito:

— Não sei como sua mãe agüentou. Esse tipo de câncer, que atinge o pulmão dessa maneira, causa dores lancinantes. Era caso de ter dado os remédios muito fortes pra aliviar a dor, mas não demos, porque ela não reclamou de nada. Parecia até que ela não sentia nenhuma dor.

Fidelidade de Deus só podia resultar nisso. Tive essa recompensa e, aqui comigo, penso: "Não é por minha causa que Nossa Senhora concedeu toda essa graça. Foi por causa da minha mãe. Porque ela é minha mãe, me educou, me formou. Até me preparou para a ordenação. Ela, que agüentou a doença desse jeito".

Criar um filho, para os nossos pais, especialmente uma filha mulher, significava levar até o casamento. O bonito é a fidelidade de Deus. Quando minha mãe, no auge da sua tuberculose, diante da imagem de Jesus morto, pediu para criar os filhos, pensava que seríamos só nós dois: eu e meu irmão. Mas, no coração de Deus, havia mais essas quatro meninas.

E Deus foi fiel. Assim que Maria José, a irmã mais nova, se casou, minha mãe foi ao médico, constatou-se a gravidade da doença, fez-se a cirurgia. Deus lhe deu um ano de acréscimo. Só então permitiu que a doença se manifestasse de novo. E ela morreu depois de realmente ter criado os filhos. Maria José já estava grávida, mamãe chegou a ver Mirela, a primeira das filhas da Maria José. Então, realmente, minha mãe querida criou minha última irmã. Deus foi totalmente fiel: concedeu-lhe a graça de criar todos os seus filhos.

Voltando ao que eu estava contando sobre a construção da nossa Casa de Encontros em Queluz: nosso acordo havia sido garantir sempre o pagamento dos pedreiros. Tocamos a obra e, campanha de arrecadação para cá, campanha para lá, em seis meses conseguimos levantar a casa. Nem era esse nosso plano. Foi maravilhoso construí-la em tão pouco tempo.

No final de semana que correspondia à festa de São João Batista, a festa maior em Queluz, inauguramos a casa com um Encontro, o primeiro Maranatá de moças. Evidentemente, como acontece em toda construção, nas últimas horas, tiveram de correr muito. Mas ficou pronta a parte de cima, onde ficavam os dormitórios com os banheiros, a sala de palestras. A capela, porém, já estava todinha pronta, até rebocada, pintada.

Recordo que o vidraceiro colocou os vidros durante toda a sexta-feira. Lá pelas cinco e meia da tarde, ele me procurou:

— O senhor não ficaria triste se eu deixasse para pôr amanhã a massa nos últimos vidros? Já estão colocados, só falta a massa. É que sou da banda, estamos na antevéspera da festa, tenho de ir para a procissão antes da missa da novena. Agora, se o senhor quiser, mando avisar que não vou hoje. Mas vou fazer falta na banda.

— Não, vá tocar, pode ir. — Ele foi, todo contente, para tocar.

No dia seguinte, o que ainda estava por ser feito foi terminado. A parte de baixo, onde era refeitório, cozinha, dormitório do pessoal da cozinha, capela da cozinha, só estava levantada e coberta, não estava rebocada. O chão ainda era apenas daquele cimento grosso, sem o piso. Mas essa parte estava pronta para usar. Havia mesas e cadeiras no refeitório, mas, na cozinha, tudo ainda era rústico. Nessas condições, fizemos o primeiro Encontro de moças, no mês de junho. Dedé, a doadora do terreno, foi a coordenadora. E foi uma beleza, esse primeiro Encontro que se fez ali.

No segundo semestre, continuaram os Encontros, e seguimos com o acabamento da parte de baixo da construção. Lembro-me bem de que, toda semana, para pagar as dívidas, era um sufoco. No pagamento dos pedreiros, que era prioridade, ia toda a reserva em caixa. Passava outra semana, chegava o sábado, precisávamos pagar os pedreiros de novo. E o dinheiro? A cada semana, era praticamente um milagre que acontecia.

Lembro-me bem de um dia em que, enquanto trabalhavam na parte de baixo, nós, lá em cima, fazíamos um Encontro. Na oração da manhã, contei, aos jovens participantes, que precisávamos pagar os pedreiros e não tínhamos quase nada. Então sugeri pedirmos a Deus que, até a hora do almoço, Ele providenciasse o dinheiro, pois eu não queria que os pedreiros ficassem sem o seu salário. Foi bonito e eu não esperava por essa.

Terminada a oração, antes de irmos para a sala de palestras, os jovens tiveram a iniciativa de fazer uma coleta entre eles. Muitos deram as moedas que traziam. Eu tinha pedido, apenas, que rezassem. Logo depois apareceu alguém trazendo dinheiro, resultado de uma campanha feita em algum daqueles lugares.

Depois que acabamos de almoçar, perguntei ao Eto:

— Deu para fazer o pagamento?

— Graças a Deus! — ele disse. Deu e, melhor ainda — bateu no bolso da camisa e mostrou algum dinheiro —, estou rico! Sobrou tudo isto!

Levantamo-nos da mesa, saímos conversando e fomos para a parte de cima. Nisso, um caminhão encostou em frente à casa, o motorista desceu e se dirigiu a nós:

— Fiz um frete para cá esta semana. Disseram que vocês pagavam só no sábado. Vim para receber o pagamento.

O homem disse quanto era. O Eto pagou. O dinheiro que ele tinha no bolso da camisa era exatamente o valor do frete. Não sobrou nenhum centavo. Toda semana era essa aventura. E foi assim que construímos a casa de Encontros em Queluz. Fé não faltava nem disposição para o trabalho. Tínhamos a certeza de que Deus estava conosco, mas era preciso fazer a nossa parte.

Em junho, a parte de cima havia sido concluída; em outubro, acabaram a parte de baixo. Estava tudo pronto. Ou seja, a obra não demorou um ano. O novo bispo, Dom João Hipólito de Moraes, tinha tomado posse naquele ano. Veio para a inauguração e pôde constatar a maravilha que

Deus fizera conosco. No início, não tínhamos nenhum dinheiro e, no decorrer da construção, só tínhamos dívidas. Mas tudo deu certo. Um verdadeiro milagre!

Era 1977, já fazíamos Catecumenatos. Um deles estava programado para acontecer na festa de Cristo Rei, durante todo um fim de semana prolongado. Fui, para esse último grande Encontro no ano, com o propósito de ensinar aos jovens um método que não tinha ensinado nunca. Um método de ler a *Bíblia*, encontrado por mim num livro evangélico. Depois se chamou *A Bíblia foi escrita para você*, mas, na ocasião, ainda não tinha nome.

Fui com muitos cartazes, para esclarecer o que eu precisava mostrar na palestra, tudo preparado para expor aquela metodologia aos jovens. Embarquei no *Trem de Aço*, em Lorena. Na ocasião, ele ainda circulava. Meia hora depois, estaria em Queluz. Era mais prático, não precisava que ninguém me levasse.

Naquele percurso é que Deus foi me convencendo de algo em que eu não tinha pensado antes: convidar os jovens para abrir mão de tudo, deixar casa, família, trabalhos, estudos, até namoro, e dar um ano para Deus, na Canção Nova, vivendo em comunidade. Achei aquilo uma coisa tão sem propósito, tão impossível de ser realizada, que fui discutindo com Deus durante a viagem: "Mas, Senhor, ninguém vai aceitar". Pouco antes de descer, fechei a conversa: "Está bem. Vou fazer o apelo, mas ninguém vai aceitar. Agora, se aceitarem, é sinal que o Senhor quer. Porque é uma coisa tão impossível que ninguém vai concordar". Foi assim que acabamos a conversa.

Chegando a Queluz, encontrei o pai do padre Paulo Sérgio, que era chefe da estação. Ele, sem que eu esperasse, me levou de carona até a nossa casa. Meu plano era ir a pé.

O Encontro começou aquela noite. Fiz a primeira palestra, já prevista. Como era o fim de semana de Cristo Rei, falei sobre a majestade, a soberania, o senhorio de Jesus. A palestra, sem que eu imaginasse, preparou o ambiente para que eu fizesse a proposta aos jovens. Nessa mesma noite, ao fim da palestra, fiz o apelo. Lembro-me direitinho:

— Quem está disposto a dar um ano da sua vida para Jesus? Deixar sua casa, sua família, estudos, trabalhos, e vir para a Canção Nova viver um ano inteiro de formação, para servir melhor a Deus. Só que é preciso ter permissão dos pais. Pode ser que eles não entendam, mas vão ter de autorizar. Quem estiver disposto, fique em pé.

Para meu espanto, uma turma enorme se levantou. Eu disse:

— Sentem-se. Acho que vocês não entenderam nada.

E tornei a explicar, apertando o cinto e, ao mesmo tempo, "pretejando" as cores.

Concluí:

— Será preciso deixar tudo e viver em comunidade. Quem está disposto?

Para meu espanto, os mesmos, e até mais alguns, ficaram em pé. E eu:

— Se é assim, vocês têm de agora até o final de janeiro para me dar a resposta por escrito. Quero saber da motivação e como cada um conseguiu resolver a própria situação. Além disso, a permissão dos pais.

Uma coisa só fiquei sabendo depois: quando fiz o primeiro apelo, a Luzia não se levantou. Ela conta hoje que, ao me ouvir dizer "quem está disposto a dar um ano da vida", pensou: "Se me levantar, não vai ser por um ano, vai ser para a vida inteira. Então preciso ver isso direito, não posso me levantar". Pegou a *Bíblia* e, quando expliquei pela segunda vez, ela nem prestou atenção, porque lia aquela passagem de São Lucas (14, 28-31) em que Jesus diz: "Quem de vós, querendo fazer uma construção, antes não se senta para calcular os gastos que são necessários, a fim de ver se tem com que acabá-la? Para que, depois que tiver lançado os alicerces e não puder acabá-la, todos os que o virem não comecem a zombar vós dele, dizendo: Este homem principiou a edificar, mas não pode terminar. Ou qual é o rei que, estando para guerrear com outro rei, não se senta primeiro para considerar se com dez mil homens poderá enfrentar o que vem contra ele com vinte mil?" Ela disse que foi aquele o momento da sua decisão. Quando fiz o segundo apelo, não resistiu. Disse que até chorou por causa disso, pois, para ela, não era apenas por um ano, era para a vida inteira. E foi ela a única, dessa primeira turma, que de fato permaneceu conosco até hoje.

Sei que o levantar de todos aqueles jovens foi sincero, mas nem todos conseguiram se desvencilhar dos seus compromissos. Alguns acabaram vindo para a comunidade em outros anos. E começamos justamente com doze pessoas. Eram três irmãs salesianas que estavam conosco, autorizadas pela madre superiora, alguns jovens, entre rapazes e moças. Comigo, inteirávamos doze.

A proposta era dar um ano da própria vida inteiramente para Deus. Por isso os demais não permaneceram. A Luzia, porém, deu a vida inteira.

Eu morava em Lorena ainda, no Colégio São Joaquim. Nossas atividades eram ali na rua Dom Bosco, 95, na casa cedida por Dom Antônio. Ele havia sido, nesse ínterim, nomeado bispo da diocese de Campanha, em Minas Gerais. Ficamos um tempo sem bispo. O bispo era agora Dom João Hipólito de Morais. Quando começamos a viver em comunidade, algumas senhoras foram conversar com o bispo. Como se tratava de rapazes e moças vivendo e trabalhando juntos, foram dizer ao bispo que aquilo não era comunidade, era uma bagunça. Ele, depois, me contou que chegaram a dizer:

— Damos nove meses para as moças estarem com bebês no colo.

Dom João me chamou, quis saber tudo direitinho da minha boca. Expliquei bem explicado o que estava acontecendo. E Dom João, muito sábio, disse:

— Está certo. Não entendo, mas confio. Sei que não é como essas senhoras estão dizendo, mas vamos fazer assim: vocês ficam na casa da rua dom Bosco. Quero vocês debaixo dos meus olhos.

E seguimos essa norma, fizemos tudo debaixo dos olhos de Dom João.

Um pouco antes de começarmos a viver em comunidade, quando eu ainda morava no São Joaquim, Dom Fernando Legal, que na época era nosso padre inspetor, me chamou e disse:

— Com isso que está surgindo agora, fundar essa comunidade, viver com essa comunidade, você tem de escolher: ou fica na congregação ou vai viver com eles.

— Mas, padre Legal, o carisma é salesiano, é de Dom Bosco.

— É verdade — ele disse. E acrescentou algo que foi importante para mim:

— Reconheço que o carisma é salesiano, mas não encontro lugar para sua comunidade na nossa estrutura.

E assim seguiu aquela conversa, dolorida, mas ao mesmo tempo tranqüila. Chegamos a um acordo: mesmo ele reconhecendo que o carisma era salesiano, tive de deixar o colégio. Mas eu não estava saindo por sair, ou por revolta, ou porque havia sido demitido.

Foi muito duro. Apanhei todas as minhas coisas e fui, literalmente, morar com esses jovens. Lembro-me de que eu tinha lá minha cama, junto com eles. Naquele tempo, tínhamos apenas um dormitório masculino. As moças tinham quartos menores no andar inferior, ficavam duas, ou três, em cada quarto.

Tudo isso se deu já no ano de 1978. Começamos a viver em comunidade no dia 2 de fevereiro, dia da Festa da Apresentação de Jesus no templo. Essa data na Igreja é o dia dos consagrados. Aqueles que se entregam totalmente a Deus. Essa data determinou a data do nosso compromisso em todos esses anos.

E foi assim que nasceu a Comunidade Canção Nova.

Palavras finais

Este livro está pronto. Sua história está, cheia de fulgor e luz, pronta a se derramar sobre seus leitores. Essa é a grande vocação humana – iluminar!

Senti-me iluminado ao ouvir as histórias, registrá-las, escrevê-las. Senti-me iluminado com a capacidade de superação do Padre Jonas. Reforçou-me o alicerce da fé. Serviu-me de elevação. A luz só tem a capacidade de iluminar quando está alta. Se estiver baixa, escondida, cheia de sujeira, não iluminará nada, nem ninguém, embora nunca deixe de ser luz. Se estiver alta, limpa, iluminará o ambiente humano, iluminará o mundo.

Eis a lição que ficou em mim, ao escrever esta obra. É preciso, na trajetória pessoal de cada um de nós, que consigamos nos desvencilhar daquilo que nos deixa sujos, escravos, pequenos. A pequenez se transforma em mesquinharia. Mesquinharia no sentido amplo — falta de desprendimento, falta de abertura para o novo, falta de possibilidade. Não se pode chegar ao alto da montanha e, com um vale deslumbrante para ser contemplado à nossa frente, permanecer com os olhos fechados. Não se pode fechar os ouvidos à harmonia do cantarolar dos pássaros. Não se pode morrer de sede diante da água fresca e cristalina. Vamos à água, então! Ela está aí para ser experimentada, para saciar nossa sede, espantar nosso cansaço. Para fortalecer os viajantes na trajetória rumo à mais esplendorosa luz.

O sofrimento é um companheiro do qual não conseguiremos nos desvencilhar. Estará sempre presente, e é preciso aprender com ele. O sofrimento, entretanto, não pode se transformar em causa de paralisia. Ainda que nossos pés estejam sangrando, é preciso prosseguir. A própria jornada tem um cicatrizante poderoso. E os novos horizontes servirão para ampliar as paisagens, desvelar cenários desconhecidos para viver e reviver o amor.

A vida do Padre Jonas é uma prova desse amor. Seu sorriso demonstra que a dor foi superada, e que ela nunca alcançará a vitória. Seu olhar tem poder. Ele é um homem de Deus. Foi ungido. É luz que paira alta, limpa, viva, para mais longe espalhar seu brilho. É de amor, do seu amor derramado sobre tanta gente, que se constrói sua história. E, lembremo-nos sempre, Deus é amor!

Em minha vida, tento olhar para algumas histórias e, com modéstia, imitá-las. Há tantas mulheres e homens que conseguiram realizar uma missão neste mundo! Sofreram, choraram, caíram, levantaram. Venceram. Vencem todos aqueles que conseguem superar as sombras que surgem por aí e continuam a iluminar. As sombras do amor sem amor, as sombras da perturbação interior, as sombras da fragilidade diante do vôo. Não se pode optar pela servidão, nem pelas sombras; se, no começo, a luz fere nossos olhos, é apenas falta de costume. O Universo fica muito mais bonito quando iluminado. Trata-se de não negligenciar a possibilidade de escolher e de compreender qual é o caminho correto.

Quantas decisões foram tomadas na vida do Padre Jonas! Evidentemente, toda decisão leva a uma angústia. Quando se decide, opta-se por um caminho, em detrimento de outro. A decisão exige renúncia. Assim como não podemos servir a dois senhores, não se pode andar em dois caminhos ao mesmo tempo. Sempre é preciso deixar algo para trás, e continuar a caminhada acreditando que a decisão foi correta. E se, por acaso, for preciso voltar um pouco, tenhamos a humildade de reconhecer que faltou discernimento, mas, acima de tudo, depois do recuo, sigamos em frente, tratemos de continuar.

A humanidade sofre por ter de renunciar. Renunciar a sentimentos cobertos de bolor, mas que foram colecionados durante a travessia. E, agora, parece que fazem parte, que não se pode viver sem eles. São pecados de estimação. Vícios. Vícios que se transformam em monstros perigosos. O ser humano tem de ser maior do que os seus problemas, sob pena de deixar de viver, de abandonar a própria humanidade. As emoções fazem parte da nossa essência. Não conseguiremos nunca viver sem emoção, mas, é fundamental sabermos o que fazer com a emoção que sentimos. Ter medo, sim. Ser escravo do medo, não. Ter saudade, sim. Ser escravo da saudade, não. Sofrer, sim. Ser escravo do sofrimento, não. Eis a inteligência humana, dom de Deus, que nos dá o poder para prosseguir.

E os sinais estão por aí.

Lembro-me de um dia em que, invadido por uma série de problemas, tinha rezado muito, pedido a Deus que me desse forças para prosseguir com serenidade. Pedia-lhe que minha dor não me tirasse a disposição de tratar bem as pessoas, de dizer palavras de acolhimento, de amor. Eu estava no carro. Tinha, à minha frente, três palestras, para públicos diferentes, com temas diferentes. O motorista dirigia e eu lamentava ter de trabalhar tanto numa oportunidade em que não estava emocionalmente bem. De repente, o carro parou num sinal. Um homem bateu no vidro, queria nos dizer alguma coisa. O motorista abriu. O homem fitou meu rosto e me presenteou com estas palavras:

— Moço, não fique assim, espante essa tristeza. Está um belo dia. Você está lindo. Só lhe falta um sorriso luminoso. Eu é que estou numa cadeira de rodas, e você que fica triste?

O sinal abriu. Só houve tempo para agradecer, a ele e a Deus. São sinais que surgem e que podem nos transformar, se não fecharmos os olhos diante do vale cheio de luz e poesia, nem os ouvidos à sinfonia dos pássaros cantadores.

Eis a nossa trajetória de vida. É preciso acreditar no poder de Deus. A obra da Criação continua a acontecer todos os dias. Deus é um Artista que criou o Universo e não foi descansar. Ele continua criando. Todos os instantes. E cria, em nós, poder suficiente para que nossa vida seja, de fato, bela. Não fomos feitos para o sofrimento, mas para a felicidade. Felicidade! — Padre Jonas é um homem feliz! Sofreu, chorou, teve momentos de profunda solidão. E isso o fez melhor. Mais forte. Mais sensível. Mais amoroso.

Espero que o livro tenha cumprido sua função. Eu acredito em milagres. E você?

Ainda sou um menino

Padre Jonas com os pais
(1938)

Padre Jonas na infância
(1946)

Formatura do primário no
Colégio Padre Moye (1946)

Padre Jonas no Colégio Padre
Moye, em São Paulo (1944)

Formatura do primário no
Colégio Padre Moye (1946)

Primeira Comunhão de Padre Jonas (8 de dezembro de 1946)

Padre Jonas, Lina, Márcia e José Carlos, seus irmãos (1952)

Padre Jonas, seu pai, Sérgio, a irmã Lina e a irmã Márcia (1954)

Tempo de Estudante

Padre Jonas na casa de
seus pais (1962)

Padre Jonas com seu pai
e sua mãe, em Lavrinhas
(1956)

Bodas de Prata de seus pais
(31 de dezembro de 1960)

O pai Sérgio e o Padre Jonas,
em Lavrinhas (1952)

Banda do Seminário de Lavrinhas; Padre Jonas ao piano (1958)

Seminário Salesiano
de Lavrinhas

Banda do Seminário de
Lavrinhas (1958)

Feito tudo para todos

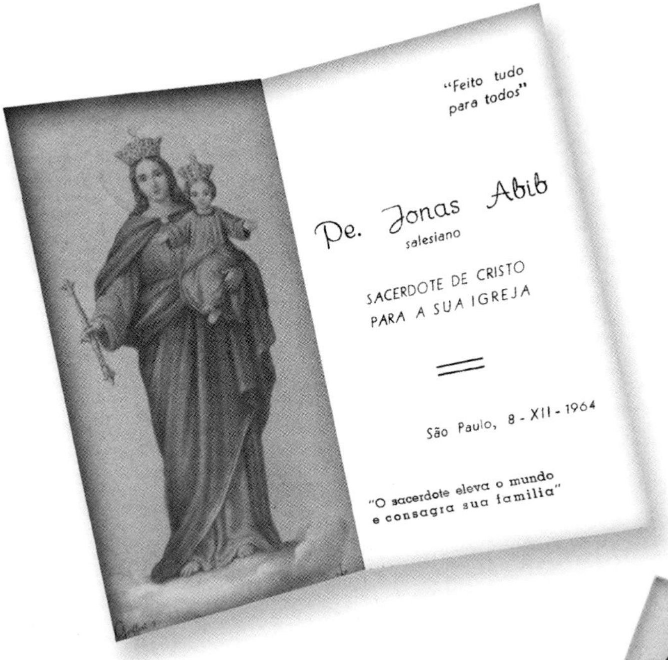

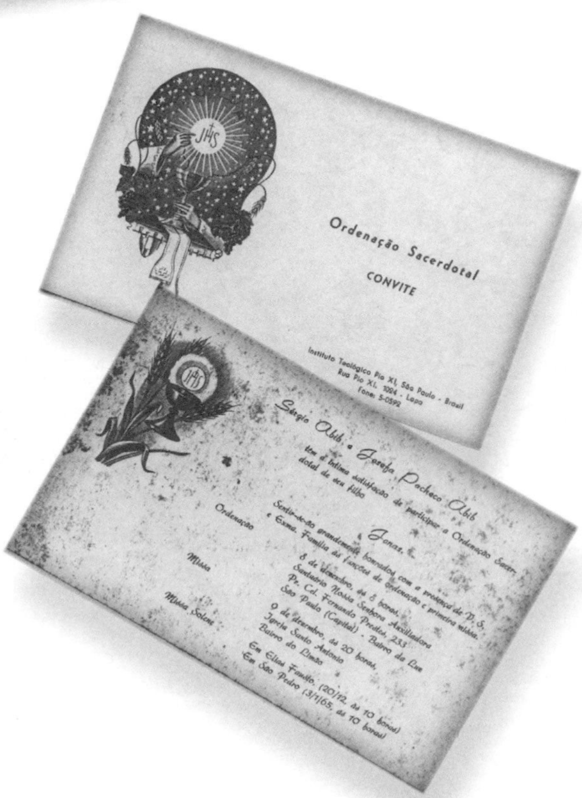

Ordenação Sacerdotal
(8 de dezembro de 1964)

Celebração da primeira missa, na igreja Santo Antônio (10 de dezembro de 1964)

Batizado de Carlos
Suzano, seu sobrinho
(22 de outubro de 1967)

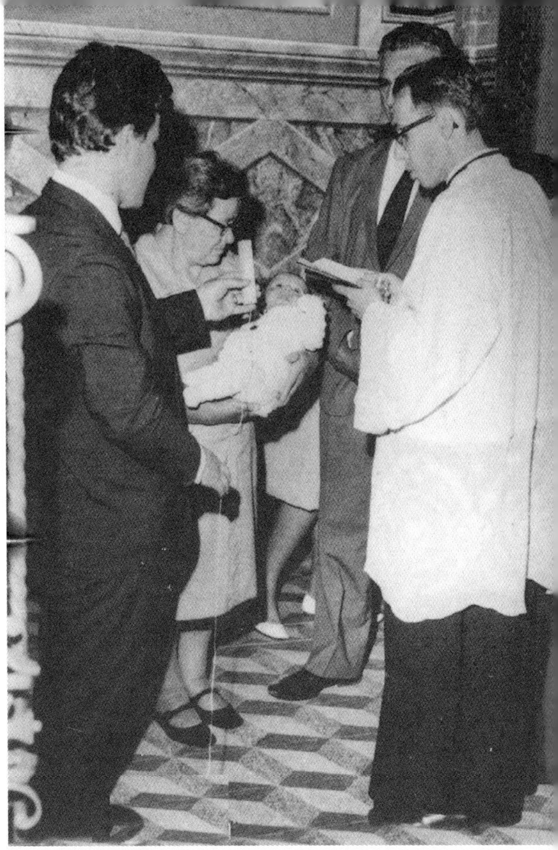

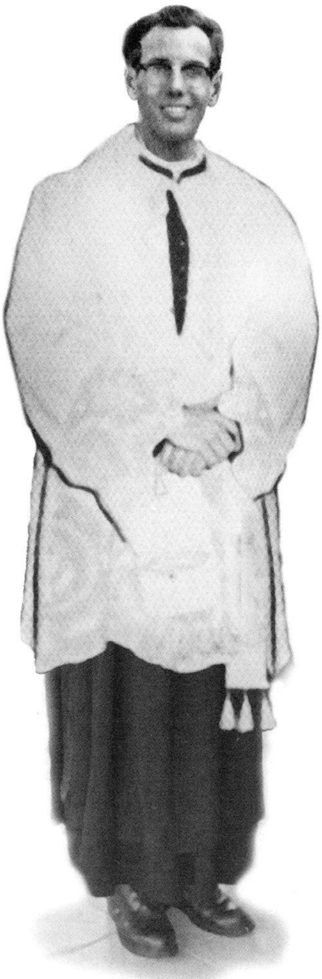

Casamento de Márcia, sua irmã
(28 de outubro de 1973)

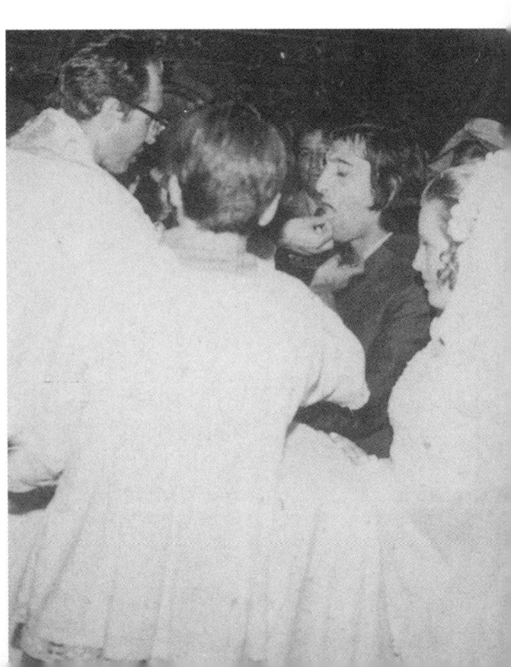

Aceita ser minhas mãos?

Encontros para jovens realizados, a partir de 1967, em colégios salesianos e casas de encontro em Lorena, Queluz, Areias e outras cidades do Vale

Pe. Jonas, Haroldo Hamh
e Padre Zezinho (1971)

Encontros para jovens realizados, a partir de 1967, em
colégios salesianos e casas de encontro em Lorena, Queluz,
Areias e outras cidades do Vale

Homens novos para um novo mundo

Padre Jonas, Diácono Nelsinho e Luzia, em confraternização (1980)

Padre Jonas e Eto, na construção da casa de Queluz (1977)

Encontros para jovens realizados, a partir de 1967, em colégios salesianos e casas de encontro em Lorena, Queluz, Areias e outras cidades do Vale

Paulinho Figueiredo, Padre Jonas e Luzia, em uma festa de casamento (1981)

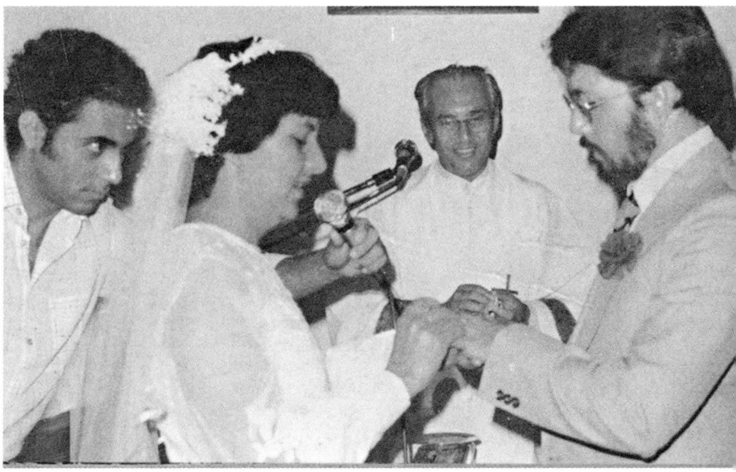

Casamento de Peixoto e Eloísa (1981)

Convivência (Padre Jonas, Elzinha, Maria Helena, Pedro, Taís e outros) (1983)

Primeira missa no parque de transmissão
da Rádio Canção Nova (1986)

Padre Jonas e Eto, na
construção da casa de
Queluz (1977)

As fotos que compõem esse caderno são do arquivo pessoal de Padre Jonas Abib